0《ゼロ》円PR

お金をかけずに顧客に愛されて売上を伸ばす方法

株式会社LITA
代表取締役
笹木郁乃

日経BP

はじめに――なぜエアウィーヴは浅田真央さんに選ばれたのか？

ＳＮＳを上手に使って、認知度を上げたい、売上を上げたい、ブランドを確立したい。そう考える経営者やフリーランス、企業のマーケティングや広報の担当者は今、少なくないはずです。

消費者の手のひらにはいつだってスマホが。そこからＳＮＳを通じて大量に発信されるクチコミ情報が、商品やサービス、会社の評判を大きく変える時代です。

ＳＮＳでバズってブレイク！　ＳＮＳでつながるファンの支持で、高価格でもロングセラー！　ＳＮＳ人気からベストセラー書籍に、そしてテレビ出演！　などなど、サクセスストーリーもたくさん聞きます。

しかも、ＳＮＳを使った情報発信は、小さな会社でも無名の個人でも、コスト０円から始められます。

「ちょっと、やってみようかな」と、思わないほうが不思議ですよね。

でも、なんだか怪しいな、と不安に感じる人も多いはず。試してはみたけれど、反応がイマイチ。私には向いていないのかな、とあきらめてしまう人も。

そもそも、何からどう手を着けたらいいのか分からない、とほったらかしにしている人も。

そんな方々のために書いたのが本書です。

なのに、なぜタイトルが「SNS活用術」ではなくて「0円PR」なのかといえば……

SNS時代＝コスト0円から始めるPRの時代。

これこそが、私がこの本でお伝えしたいことの骨子だからです。

SNSは比較的、新しいツールですが、ビジネスに活用するときの手法は、基本的に昔からあるPRと同じ、と私は考えています。

PRはもともと、テレビや新聞、雑誌などに「うちの商品、サービス、会社を、番組や記事で取り上げませんか」と、ご提案する活動のことでした。

その特徴は、広告と比較すると分かりやすいと思います。

広告とは、「うちの商品、サービスって、いいですよ！」と、「自薦」する活動です。

それに対して、ＰＲは、自分以外の第三者に「ここの商品、サービスって、いいよね！」と、「他薦」してもらうための活動です。


ＳＮＳで認知度を上げるとは「いいね！」を集めることですから、ＰＲと同じです。

しかも、ＳＮＳでは、売り込むべき相手は一部のメディア関係者に限られません。ＳＮＳで情報発信するすべての人が、ＰＲする価値のある媒体を持っています。


つまり、多くの人が今、感じている「ＳＮＳで認知度を上げたい」という望みは、「ＰＲで認知度を上げる」ことと、ほぼイコールなのです。

もちろん、ＳＮＳにはＰＲツールとは異なる特徴もありますが、ＰＲの基本セオリーを押さえれば、ずっと分かりやすく、活用しやすくなります。


またＰＲというと、一部の専門職の人が学ぶスキル、と思う人もいるでしょう。確かに昔はそうだったかもしれません。

しかし、**これからの時代、ＰＲのスキルは、あらゆる個人が身につけるべきスキル**

だと、私は強く思うのです。何しろコスト0円で、効果は無限大です。

この本は基本的には、経営者やフリーランスで働く方、企業のマーケティングや広報、PR担当の方々を読者として想定して書いています。けれど、ビジネスに関わっている人ならば、誰にとっても役立つはずだと思います。

私が、PRと出合ったのは、2009年。25歳で、寝具ベンチャー・エアウィーヴの第1号正社員になったときです。

もともとは理系で、山形大学工学部卒業後、トヨタグループのアイシン精機で研究開発職に従事していました。工学の勉強は大好きで、大学を卒業するときには日本機械学会畠山賞をいただき、機械学科で「人格、学習ともに優秀」な2人に選ばれました。けれど、大企業での研究開発には向いていなかったのかもしれません。入社して数年たつと、何か物足りないものを感じ始めました。自分の仕事が会社にどう貢献しているのかがダイレクトに伝わってこない。仕事の手応えがいまひとつ感じられない。

そんなもやもやした時期に出会ったのが、エアウィーヴの創業者、高岡本州社長です。

エアウィーヴはもともと、釣り糸の製造機械を生産していた赤字の中小企業の立て直しを、高岡社長が任されたのが始まり。くしゅくしゅっと絡まった糸を見て「いいクッション素材になるのではないか」とひらめき、マットレスパッドを開発したのです。試行錯誤の末に、素晴らしい商品ができました。

しかし、まったく無名のメーカー。どうやって認知度を上げ、売上を上げていくのかが何よりの課題。そこで着目したのが、コストのかからないPR活動でした。

そんな生まれたばかりのベンチャー企業を、社長と二人三脚で大きくしていくという仕事には、ものすごいわくわく感があって、第1号正社員として飛び込みました。

後に、フィギュアスケートの浅田真央さんが愛用されていることが分かって、エアウィーヴは大ブレイクしますが、そこまでは結構、長い道のりでした。

無名のベンチャーが、いきなり浅田真央さんのような超・有名人に使ってもらうのはもちろん無理です。できるところから少しずつクチコミの評判を広げていこう。そんな戦略で、ご縁のあったアスリートやトレーナーさんなどに試しに使っていただき、感想を尋ねました。いいフィードバックがもらえたら、それを武器に「●●さんにも『これはいいね！』と、言っていただいたんです」とPRして、別の方にも使っていただく。そういう地道な活動を重ねるうちに、フィギュアスケートのトレーナーさんに使っていただき、浅田真央さんにご推薦いただくことになりました。そして実際に使っていただいたら……、気に入っていただけたのです！　それから実際にお会いして、浅田さんのために作ったカスタマイズ版をプレゼント。その後、浅田さんが海外遠征にも毎回、持ち込んでくださっていると聞きました。

そうしたらあるとき、空港で浅田さんが持ち歩いているのがテレビに映って話題に！

このころから、ほかのPR戦略も成果を上げはじめ、売上が上昇基調に。

そしてとうとう浅田真央さんとCM契約するに至ったのです。

このような展開はもちろん、エアウィーヴという商品が、品質の高い「いい商品」だったからこそ成り立つことです。PRは、いい商品、いいサービスがあって初めて成り立つ手法です。特にSNS時代には、その傾向が強まっています。

しかし、エアウィーヴが**どんなにいい商品でも、クチコミの評判を集め、広めるPR活動がなければ、売上を伸ばすのは難しい**はずだったのも事実です。

私が在籍していた5年間で、エアウィーヴの売上高は、1億円から115億円にまで伸びました。

5年間で売上高が約115倍!

大変なこともたくさんありましたが、刺激的な5年間でした。

PRは、ただのイメージ戦略じゃない。しっかりとした商品と戦略があれば、確実に売上に貢献できる。しかも、顧客を熱烈なファンに変えていける。**PRのスキルがあれば、顧客に愛されながら、売上を伸ばしていける**。そんな手応えをつかみました。

私は、PRという仕事が大好きになりました。

その後、名古屋の愛知ドビーという、とても素晴らしい商品力を持つお鍋のメーカーさんでPRを担当した後、2016年2月に独立しました。

独立後は、企業向けのPR指導などを手がけるほか、経営者やフリーランスで働く方、企業の広報担当者などにPRスキルをお伝えする3カ月の長期講座「PR塾」を、3年にわたり開催してきました。おかげさまでこれまで全14期がすべて満員御礼。累計330人以上の方々に5日間で30時間、テキストは400ページ以上という濃厚な講義を受けていただきました。

このPR塾のエッセンスをぎゅっと詰め込んだのが本書です。

PR塾のテキストは毎期、受講者からのフィードバックや、日々のPRの仕事での気づきを反映し、精魂こめてブラッシュアップしてきました。そのコンテンツを総ざらいして、分かりやすくシンプルに圧縮しました。

私自身、PR塾の集客も、社員の採用も、SNS経由でコスト0円でやってきました。そして独立から約4年、私が経営する株式会社LITAの社員は現在9人。頼れる幹部との出会いにも恵まれ、かなり大きな企業からもPRのご相談を受けるようになりました。私自身、経営者として0円PRを実践して、夢を叶えてきたのです。

だから強く願います。

読者の皆さまにとって、本書が夢を叶える翼になりますように！

2019年11月吉日　笹木郁乃

目次

業が全国放送ゲット！／メディアPRに社長が感じる不安とは？／SNS時代こそ、メディア露出の価値が増す／誰でも書ける！プレスリリースのひな型／プレゼンは「今→過去→未来」の順番で／タイトルの基準は「小学6年生が分かるか」／伝える相手はどんな人？／プレスリリースとは、ラブレターである／大切にしたい記者クラブ&地元の新聞社

【Lesson7】パワポ応用学

侮れない基本ツール！自己紹介資料のABC

Q　会社パンフレットの弱点は？

会社パンフレットはゴミ箱行き／「社長自作のパワポ資料」の薦め／きれいに作らない。何枚も用意しない／パワポ会社資料を自作する7つのステップ／答えられない質問に、答えようとしない

本書は、月刊経営誌「日経トップリーダー」２０１８年８月号～２０１９年６月号に連載された「社長のためのSNS本質講座」に加筆し、編集しました

【Lesson1】
マーケティングの新常識

有料広告の前に「ゼロ円から始めるPR」の時代

Lesson1 Question

SNSの普及で、商品の売上アップに、あまり効果がなくなったことは？

Ⓐ 商品そのものの質が高いこと

Ⓑ 商品の情報を大量に流すこと

Ⓒ 商品に対する経営者の情熱

↓私の考える正解は……このレッスンの最後に

PRと広告の違いとは

皆さんは商品やサービスを買うとき、何を基準に選んでいますか。
今は手のひらの中のスマホで、何でも調べてから購入する時代。だからこそ、どのように自社の商品、サービスの情報を発信するかが、これからの企業にはますます大事になってきます。

これまで、企業のマーケティング担当者は、あれこれ知恵を絞って、テレビや新聞、ネットの広告、チラシなど、さまざまな媒体に広告を出稿してきました。
しかし、広告の出稿料は上がっているのに、広告の費用対効果は下がっています。払った広告料の分さえ、売上がアップしないことも珍しくないのです。

そんな時代に生まれているヒット商品の中には、広告などほとんど打っていないのに、ツイッターやフェイスブック、インスタグラム、LINE（ライン）などのSNSを通じて、爆発的に情報が拡散され、爆発的な購入動機につながっているものが多くあります。

例えば、新しいタピオカミルクティーのお店ができて、たまたま買った人が「いいね！」と思って、「＃タピオカミルクティー」といったハッシュタグを付け、写真をインスタグラムに載せて拡散する。お店は広告費を一切払っていないのに、お客さんが勝手に情報を広めてくれ、不特定多数の人の購買意欲をかき立て、購入につながる。そしてこれが大ヒット、大ブームにつながるのです。

これが、広告とＰＲの決定的な違いです。

広告というのは、会社が自分で広告料というお金を出す代わりに、好きなように情報を伝えます。「うちの商品は、こう見えてほしい」という願望を、広告で表現するのです。売り手の会社が情報をすべてコントロールして発信することができますが、それはあくまで会社から個人への一方通行のコミュニケーションです。

それに対して、**PRというのは、自分以外の第三者に「いいね！」と言ってもらうこと**。自分が知らない、どこに住んでいるかも分からない不特定多数が、「この商品、いいね！」「この人、いいね！」「この会社、いいよ！」と言ってくれる状況を作り出す活動のことです。そこには、基本的にお金は介在しない。「いいね！」と思う気持ちと、人の心と心のつながりだけが存在するのです。

身の回りの情報量は10年で530倍に！

皆さんは、私たちが1日に接する情報がどのくらい増えているか、知っていますか？

手のひらにはスマホ、街を歩けばいたるところに看板や広告。電車の中でも動画CMが流れるようになっていますし、ユーチューブを見ても広告が挿入されていますよね。

総務省の統計（「平成18年度情報流通センサス報告書」）によると、1996年から2006年の10年間で、テレビやパソコン、携帯電話などを通じて、私たちが接する情報量は、なんと530倍になったといいます。**情報量が10年で530倍。**これはインターネットが普及した2000年前後のことですが、その後も身の回りを流れる情報量はどんどん増えています。

そのため今は、あらゆる情報が人の記憶に残りづらい、情報を伝えようとする人にとっては非常にハンデのある時代になっています。

なにしろ530倍ですから、すべての情報をまともに受け止めていては神経が参ってしまう。自然と、私たちは情報が視界に入ってもスルーするようになってしまっているのですね。**発信されたのはいいけれど、見向きもされない情報が、どんどん増えているる**のが今の時代なのです。

そんな中でも、人間の記憶に残る情報とは何か。それは企業が一方向に伝えてくる情報ではなく、自分の知り合いや、自分が好きな人が勧めてくるクチコミ情報なのです。

だから、皆さんの会社でも、「インスタグラムでこんな人が取り上げている」「ツイッターでこんな人がリツイートしてくれた」「アマゾンでこんなレビューがある」。そういう状況を自分でつくり出し、自社の商品やサービス、ブランドの認知度を上げてほしいと、私は思うのです。

SNSに流れるクチコミは、自分で完全にコントロールすることはできません。それでも、いい評価をもらいやすくしたり、広げやすくしたりするノウハウはあります。

忘れてはいけないのは、**SNS時代に最終的に評価されるのは、質のいい商品、サービスを提供する会社**だということ。会社が大きいか小さいかとか、お金をどれだけ投入したかといったことは関係ありません。フェイクレビューなど、途中で雑音が混じるのは難しいところですが、クチコミが力を持ったことで、広告が主流だった時代より圧倒的に、誠実な会社が評価されやすくなっているはずです。

御社の情報が埋もれていく

もしかしたら、この本を手に取ってくれた皆さんの中には……

「うちの会社は、昔からの顧客と、紹介だけで仕事が取れているから、面倒くさいＰＲなんてしなくても大丈夫だよ」

と、思っている人もいるかもしれません。

しかし、今まではそれで回っていた会社も、これから先の社会では、どんどん会社の名前や商品を認知してもらいにくくなっていくはずです。

昔ながらの顧客も年を取っていく。紹介される人も少なくなっていく。結果として、あなたの会社の情報は、10年間で530倍に膨れ上がった圧倒的な情報量の中で埋もれていってしまう。認知されなくなり、選ばれなくなってしまう。

そんな中で、人々にあなたの会社と商品、サービスを認知してもらい続けるためには、PRが絶対的に必要になってくるのです。

逆に言えば、これまで特段の販促をしなくても紹介だけで仕事が取れていたというのは、それだけいい商品、いいサービスを持っている証拠です。

さらにそのうえ、PRをするようになれば、あなたの会社がグングン伸びていくことは間違いありません。

SNS時代は、最後は品質が勝つ時代です。

あなたの会社を急成長させる打ち出の小槌。

しかもコスト0円からチャレンジできます。

試してみなくてはもったいないと思いませんか？

AIDMAからAISASへ

前はよく使われていたけど、今では通用しなくなったマーケティング用語に、「AIDMA（アイドマ）」というのがあります。

これは……

【A】Attention（注目）
【I】Interest（興味）
【D】Desire（欲求）
【M】Memory（記憶）
【A】Action（購入）

の頭文字です。

今となっては通用しなくなったこと

昔

AIDMA（アイドマ）

A ▶ I ▶ D ▶ M ▶ A

Attention
注目

Interest
興味

Desire
欲求

Memory
記憶

Action
購入

セブンヒッツ理論

人は、広告や情報に**3回**接すると
その**製品を認知する**
確率が上がり

▶

7回接すれば、
購入に至る確率が
上がる

現在 日々、接する情報量 ＝ 過多

記憶不可

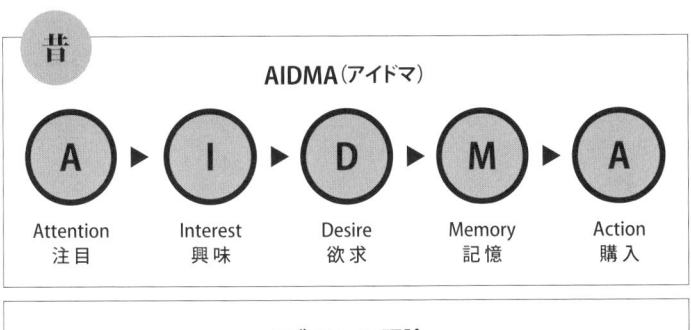

まず、「笹木郁乃さんっていう人がいるんだ」とか「笹木さんはペンを売っているんだ」と知って、「注目」してもらうのが「Attention」。

その次に、「笹木さんのペン、どういう機能があるんだろう」と「興味」を持ってもらうのが「Interest」。

さらに「このペン、ちょっと欲しいな」と、「欲求」を持ってもらうのが「Desire」。

そうこうするうちに、ペンのことが頭に残ります。こうして「記憶」してもらうのが「Memory」です。

そして、実際に「購入」という行動に至るのが「Action」。

これが一昔前まで、マーケティング業界の教科書的な考え方でした。

ところが、今はこのAIDMAという理論が、どうも現状と合わなくなってきました。

かつては、このAIDMAに基づく「セブンヒッツ理論」というのもありました。人は、同じ商品の情報に7回接すると、購入の確率が格段に上がる、ということです。

このAIDMAとセブンヒッツ理論に基づいて、雑誌や交通広告、テレビなど、いろんなところで何回も広告を打ちましょうというのが、広告業界でかつてよく使われていたロジックだったのです。

つまり、「自社商品の情報との接点をとにかく増やせば、記憶に残り、購入に至る」という理屈が通用していたのです。

しかし、今では**「特定商品の情報に何回接しようが、記憶に残らないものは残らない」**ということになってしまいました。

そこで、新たに広告代理店やマーケティング業界で言われているのが、「AISAS（アイサス）」という理論です。

これは、AttentionとInterestまでは、AIDMAと同じなのですが、その次が、「Search（検索）」で……

【A】Attention（注目）
【I】Interest（興味）

【S】Search（検索）
【A】Action（購入）
【S】Share（シェア）

と、続きます。

今の消費者は、商品やサービスの興味を持ったら、まずネットで「検索」してみる。これが、「Search」。例えば、Amazonで、レビューを見て星がいくつ付いているのかをチェックして、4・5といった高い評価が付いていたら迷わず購入します。

「記憶（Memory）」になくても、瞬時に判断して買います。

このように今の消費者は、第三者の意見や

AISAS ― SNS時代の購買モデル

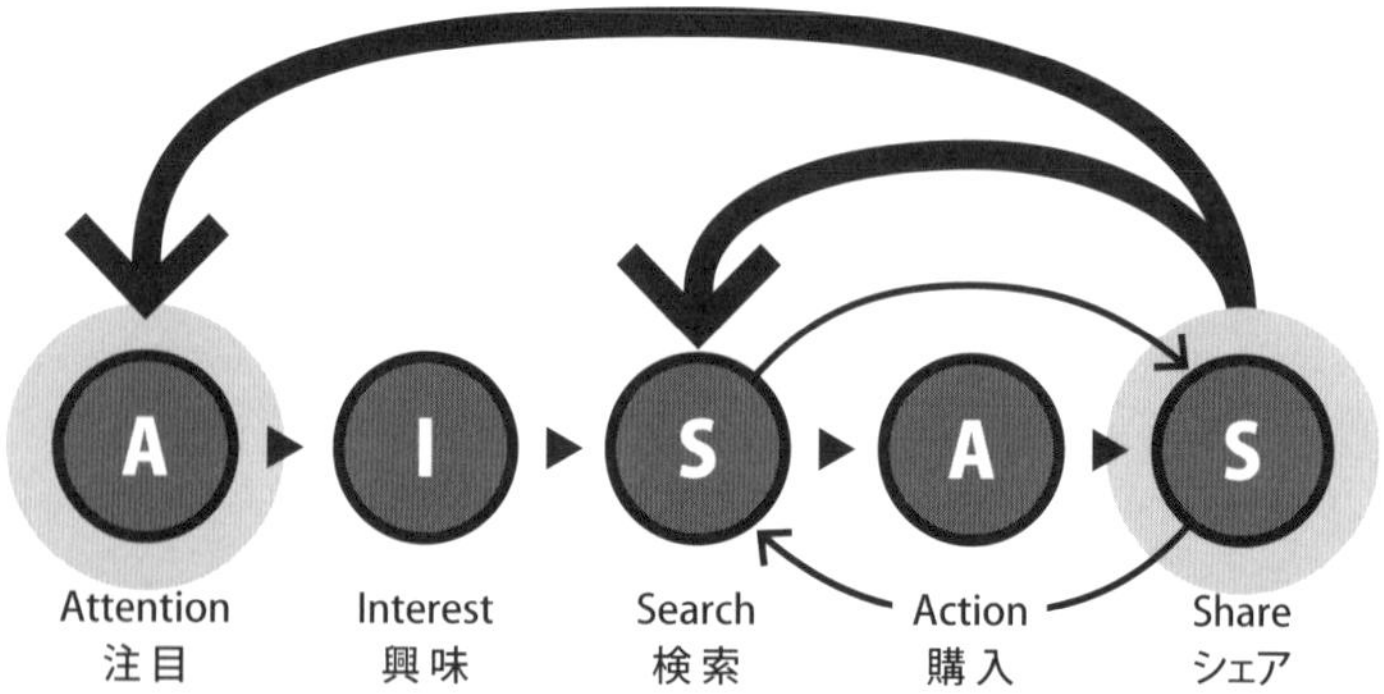

クチコミを非常に重視します。情報や選ぶ商品、サービスが多すぎて、自分の頭だけでは処理しきれないのですね。だから、ネットに蓄積された「第三者の評価」というデータベースに基づいて、この商品で間違いないと思ったら、すぐに購入(Action)します。

そして、その商品を買ってみて、使ってみてどうだったかということを、SNSに書き込みます。これが「Share」です。

「この商品はよかったよ」ということはもちろん、「この商品はダメだった」「この店のサービスはひどかった」ということまで、シェアされて、クチコミされて、拡散されてしまうのが今の時代です。だからこそ、今の時代はこれまでよりもごまかしが効かなくなっている。本物の商品だけが生き残っていく時代、ということです。

売り込むべき相手は無数にいる

ですから、これからは本当にいい商品、いいサービスしか生き残れない。つまり、商品を売るためには、いい商品を作ることが絶対条件になるわけです。

一方で、いい商品であっても、膨大な情報の中で埋もれやすいのも現実です。

いい商品、いいサービスで、きちんと売上を伸ばす。

いい商品、いいサービスを持っているのに、売上が伸びない。

両者の差を分けるのは「認知」です。

中でも、クチコミの認知の力がどんどん強くなっています。

では、現代のクチコミとは何かというと、そのほとんどがＳＮＳ、ということです。

ＳＮＳによるクチコミを広めること。それがすなわち、今、企業が行うべきこと。

言葉を変えれば、「ＰＲ」です。

私が、**現代社会で「あらゆる会社が持つべきスキル」と考えるのが、ＰＲの技術**です。

フリーランスや個人事業主が増えていくことを考えれば**「あらゆる個人が持つべきスキル」と、言い換えてもいい**でしょう。

ここでもう一度、ＰＲの特徴を確認しておきましょう。

広告は一方通行のプロモーションです。私がペンを作っているとしたら、「このペン、いいよ！」と不特定多数に訴えます（次ページの下図）。

PRでは、それを自分以外の誰かに言ってもらいます。実際に使った誰かが「このペン、いいね！」と、応援してくれる（同じく上図）。そんな声が集まりやすい環境を整えます。

かつてPRの仕事といえば、テレビ局や新聞社、出版社などに自社の商品、サービスなどを売り込むことでした。

売り込む相手は、少数のマスコミ関係者に限られていました。

しかし、SNS時代は、消費者1人のつぶやきが大きなヒットを生みます。

つまり、売り込む価値のある相手が無数に存在します。

だから、**「SNS時代＝PRの時代」**なのです。

売り込む相手が激増したなんて、今のプロモーションは大変だなあ……。そんなふうに思った方は、考え方を改めてください。

むしろ、PRの技が生きる場面がグッと増えたことは、企業にとってチャンス到来なのです。

PRとは？

PR

- Public Relationsの略語
- 意味：双方向のコミュニケーション

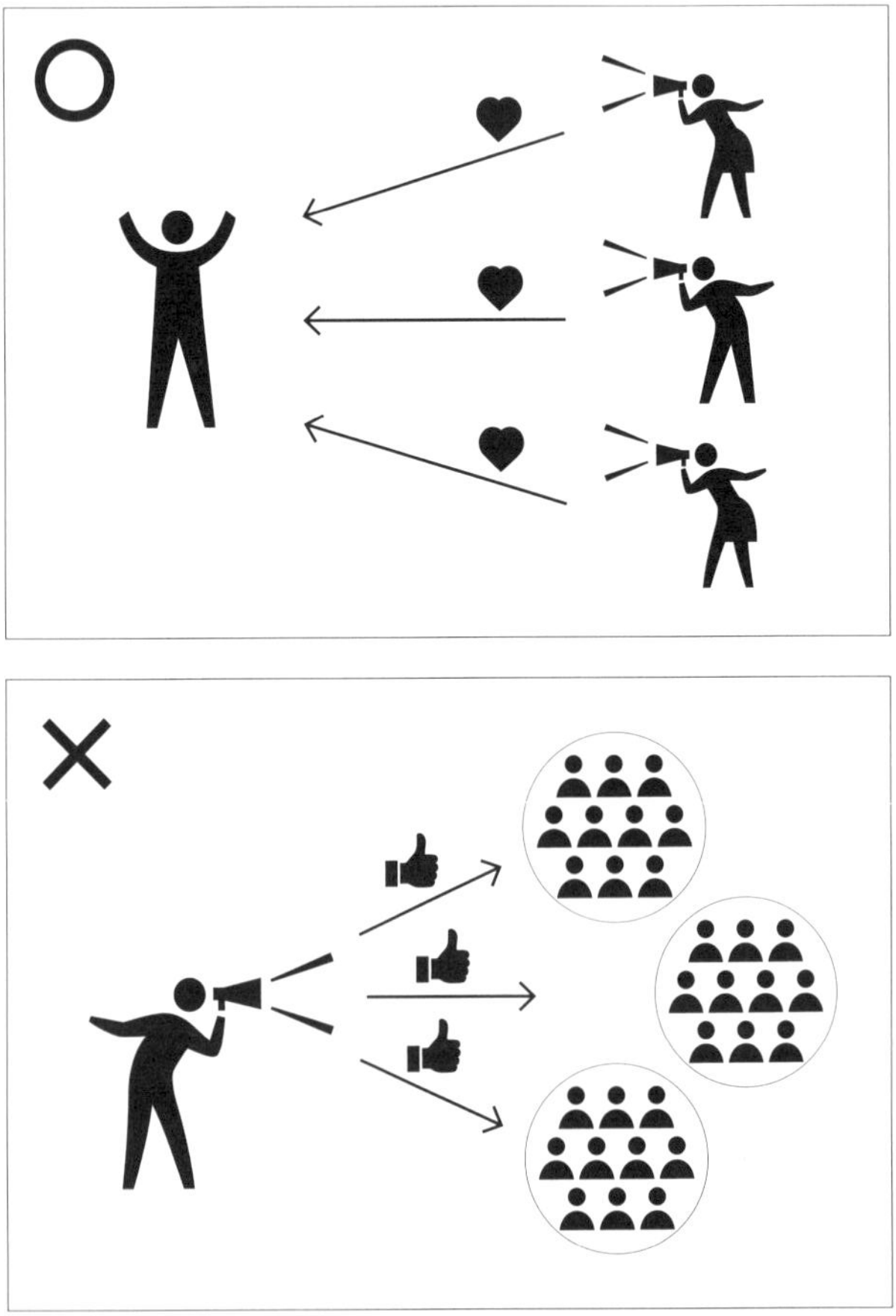

高いお金を出した広告には、あまり効き目がなくなってきた。
一方で、コスト0円から始められるPR活動には大きな可能性が広がっている。
時代に敏感な企業はますます「SNSによるクチコミ＝PR」に着目しているのです。

まずは自社商品を心から愛すること

実績に負けず劣らず重要なのは、「誰がPRを担当するか」です。小さな会社ならば、社長自ら担当することが多く、会社が大きくなれば、PR担当者を置くことになるでしょう。いずれにせよ、PRを担当する人には、ふさわしい資質と基本的な心得というものがあります。

第一に、そのPR担当者が、心から自社の商品、サービスを理解し、愛して、魅力を熟知しているということ。担当者自身が商品に自信を持てなくて、その素晴らしさを伝えていくことができるはずがありません。

加えて、自己開示が得意な方、ミッションを語れる方が、PRに向きます。PRとはすなわち、人の心を動かすこと。人の心を動かして、ほかの人から、この人の会社を応援したい。一緒に取り組みたいと思ってもらえるようにすることです。そのような活動に必要不可欠なのが、自己開示とミッションです。つまり情熱を届けることができる方こそ、PR担当者に向いていると思います。

だから、PR担当者にはできるだけ自社の社員を任命してほしいと思います。自社の商品を愛し、そのミッションを語るのに向くのは、自社の社員です。PR会社を利用することはあまりお勧めしません。どうしてもPR会社を使う場合は、「会社」ではなく、「担当者」に注目してください。担当者が、一人の人として、自社のビジョンに共感してくれるかどうか、その商品を、そのサービスを、心から好いてくれる人かどうかを、慎重に見極めることが大事だと思います。

PR担当者に大切なことは、つっかえないで流暢に話せるとか、パワーポイントのプレゼン資料を作るのが上手だとか、そういうことではありません。

情熱を持ってその商品のことを人に伝えられるか。そのために、自分の内面も開示できるか。それこそが一番大事になっていきます。

経営者が自ら担当されるなら、自社への愛とビジョン、情熱が問われます。

Lesson1 Answer

冒頭の問題の答え・私の考える正解は……

B 商品の情報を大量に流すこと

解説

情報過剰な今、大量の情報を一方的に流してもダメ。クチコミが売上に最も貢献します。経営者が情熱を持って質の高い商品を提供するという基本が問われます。

【Lesson2】どんな物語を?

売れるストーリーは
「変化+景色」

どんな物語を、何を使って、どう伝える？

【Lesson 1】では、SNS時代になって、消費者が何かを「購入する」までのプロセスが、どのように変わったかを、お伝えしました。

かつて王道だった、しつこく情報をプッシュする「AIDMA」が通用しなくなり、クチコミのシェアの影響力が大きい「AISAS」の時代になった、というのがポイントです。その結果、広告的な販促が効きにくくなり、PRの技術が決定的に重要になりました。広告は必ずコストがかかりますが、PRはコスト0円から始められます。

小さな会社やフリーランスで働く個人には、大きなチャンスです。

だからぜひ、すべての人にPRの技術を身に付けていただきたいと思います。

そこで、ここから先は、ひたすら実践編。具体的なノウハウをお伝えしていきます。

【Ｌｅｓｓｏｎ２】から【Ｌｅｓｓｏｎ４】は、**総論**。**基本セオリーと基本スキル**です。

【Ｌｅｓｓｏｎ２】は、**「どんな物語」を伝えるか**。

あなたの商品、サービス、会社の魅力を、どのような言葉で表現するのがいいのか。「ＰＲの基本設計」を作っていただきます。書き込むスペースも多く用意したので、ぜひ活用して、実践につなげていただきたいと思います。

【Ｌｅｓｓｏｎ３】は、**「何を使って」伝えるか**。今の時代のＰＲに必須のＳＮＳ活用法をお伝えします。

まず、ＳＮＳにおけるコミュニケーションの本質とコツ。

そして個別のＳＮＳの特徴。一口にＳＮＳといっても、ツイッターとフェイスブックでは、ＰＲで果たせる役割は違います。「ＡＩＳＡＳ」モデルで、それぞれの機能の違いを明確にし、売上につながる活用のノウハウをお伝えします。

【Ｌｅｓｓｏｎ４】は、**「どう伝えるか」**。ＳＮＳにメルマガ、店頭での告知などを組み合わせて、顧客を惹きつけ、購買活動につなげるプロセスをお伝えします。私が目指すのは、ＶＩＰ顧客を起点とした反響が反響を呼ぶ「段階的プロモーション」です。

Lesson2 Question

あなたの会社の商品、サービスのPR。最優先して伝えるべき情報は何でしょうか?

A 商品の特徴(良いところ)

B 売れた実績、評価された実績

C 開発ストーリー(物語)

↓私の考える正解は……このレッスンの最後に

一に実績、二に実績。商品の特徴は後で

これからの時代は、高いコストをかけた広告よりも、コスト0円から始められるPR活動。SNSでクチコミの評判が拡散する時代だからこそ、PRの技が生きる。

そんなことをお伝えしてきました。

では、PRの技を使って、最初に広めるべき情報は何か。

それは**ズバリ、「実績」**です。

「このペン、いいよ」「この鍋、いいよ」と、自社の製品をひたすら自画自賛しているみたいなPRには、あまり意味がありません。お洒落だけど、何を伝えたいのか意味の分からないイメージ広告みたいなPRもあまり効果はありません。

重要なのは、あなたではない第三者が、いかにあなたの売る商品、サービスを評価して、買ってくれているかなのです。それが「実績」です。

次の2つの文章を読んでください。
2つとも、私が実際に寝具メーカー・エアウィーヴの第1号社員として、看板商品「エアウィーヴ」を〝自己PR〟するために書いた文章です。

【1】極細繊維状樹脂が3次元に絡み合った中素材を使用した、高反発マットレスパッド「エアウィーヴ」。名前の通り、空気を編んだような構造で、雲の上に寝ているような感触です。今お使いの布団の上に重ねてご使用いただけます。ぐっすり眠れるため、女性のアンチエイジングにもオススメです。

【2】フィギュアスケートの浅田真央選手、テニスの錦織圭選手、歌舞伎俳優の坂東玉三郎さんはじめ、多くのトップアスリート・著名人がこぞっ

て愛用するマットレスパッド「エアウィーヴ」、高反発のため、腰をしっかり支え、寝返りが打ちやすく翌朝に疲れを残しません。ＪＡＬファーストクラス、ＮＯ．１旅館の加賀屋など、一流企業が続々と採用するのも納得の寝心地です。

ここまで読んでいた方なら、どちらが優れた自己紹介か分かっていただけますね。

そうです。現実に反響が大きかった自己ＰＲは、【２】。

【１】を使っていたときにはまったく売上が上がらなかったのに、後者に改善したら顧客の反応は劇的に変わりました。しかし……

「【２】は商品をほとんど紹介していないではないか。いくらなんでも、もう少し商品の特徴を説明したほうがいいのでは？」

と、思われた方もいるでしょうか。でも大丈夫。

「実績」を伝えよう

7割が「特徴」。
「実績」はゼロ

△記憶に残らなかった商品紹介

極細繊維状樹脂が3次元に絡み合った中素材を使用した、高反発マットレスパッド「エアウィーヴ」。名前の通り、空気を編んだような構造で、雲の上に寝ているような感触です。今お使いの布団の上に重ねてご使用いただけます。ぐっすり眠れるため、女性のアンチエイジングにもオススメです。

7割が「実績」

◎記憶に残った商品紹介

フィギュアスケートの浅田真央選手、テニスの錦織圭選手、歌舞伎俳優の坂東玉三郎さんはじめ、多くのトップアスリート・著名人がこぞって愛用するマットレスパッド「エアウィーヴ」。高反発のため、腰をしっかり支え、寝返りが打ちやすく翌朝に疲れを残しません。JALファーストクラス、NO.1旅館の加賀屋など、一流企業が続々と採用するのも納得の寝心地です。

極論を言えば、**商品そのものをまったく紹介しなくても何とかなります。ただ、その商品がどれだけ、ほかの顧客に受け入れられているかという「実績」を示せば**、興味は持っていただけます。

正確に言えば、改善前の【1】は、商品の「特徴」が文章の7割を占めます。一方、改善後の【2】は「実績」が7割です。これくらいのバランスがいいと思います。

つまり、商品の特徴より、実績のアピールを優先した。それだけで、顧客の反応は劇的に変わりました。

ほかにも、例えば「一流ホテルの客室にわが社の製品が置かれている」とか、「有名シェフも使っている」「芸能人も使っている」「楽天ランキング1位獲得」とか。

これらは、決して自分一人では作ることができない。評価してくれる第三者がいて、初めて作れるPRの文章です。

「第三者の評価」という実績は、顧客から見て最も信頼できる品質保証です。情報過多の現代、BtoCの消費者向けの商品でも、BtoBの企業間の取引でも、このような実績が、購入への意思決定の決め手になります。

PRが上手な企業は、必ず自己PRに、この実績を詳しく入れてきます。通信販売の広告などに、よく「累計販売数65万本突破」とか、「81％のお客様が続けています」といった数字が入っていますよね。これらは、まさに実績。広告というより、PR的な手法です。それらは実際、多くの顧客の心をつかんでいます。

先ほどのエアウィーヴの例で、改善後の【2】の文面を思い出してください。商品の特徴が3割入っているとはいえ、実績ばかりで、具体的にどういう商品なのかよく分からない方も多いと思います。

それでも、フィギュアスケートの浅田真央選手、テニスの錦織圭選手、歌舞伎俳優の坂東玉三郎さん、そして加賀屋にJALファーストクラス。これらの人たちや企業に支持されている実績を並べることで、エアウィーヴという名前など聞いたこともなければ興味もなかった、という人が、「何だろう、そのマットレス。ちょっと試してみようかな」と、ホームページを検索してみる。マットレスパッド1枚の値段が6万円以上もすることが分かっても、「そんな一流の人たちが使うのなら、それだけの値段が付くだけの価値がある、素晴らしい商品なのではないか」と思ってくれたりします。

だから、自己ＰＲに載せるべきは、１に実績、２に実績。これを読んだ皆さんには、分かっていただけると思います。

実績はつくればいい

さて、このようにご説明すると……

「そうはいっても、うちの会社の製品にはそんな華々しい実績なんてないし……。そもそも浅田真央さんにも錦織圭さんにも使ってもらっていないのだから、載せようがないですよ」などと、戸惑う方がいらっしゃいます。

そのような方に声を大にして言いたいのは……

実績とはつくるものである

ということです。

最初はどんな小さいことでもいいのです。

どんな商品でも何か実績があるはずです。

これまで商品を買ってくれた顧客のリストを眺めて、「あ、隣町の町内会長さんがリピートしてくれているな」とか、「駅前のビジネスホテルが使ってくれているな」とか。それだけでも、気付くのと気付かないのでは、大きな差が出ます。

もしAというビジネスホテルが使ってくれているという実績があったら、今度はちょっと単価の高いBというシティホテルの人と会ったとき、「実はAのホテルにも導入されていて好評なんです」とアピールする。その積み重ねでやがてシティホテルBにも採用され、新しい実績になる。そうやって小さな実績をコツコツと丁寧に積み重ねるうちに、実績が実績を呼んで、一流ホテルでも使ってもらえるようになる。

私が勤めていたエアウィーヴも、最初はほとんど実績がありませんでした。もともとは釣り糸を作る機械を生産していた会社がマットレスを作ってみたのですが、私が第1号社員として入社した当初は、マットレスが1週間に2枚か3枚しか売れていなかったし、実績と言えるほどのものは何もありませんでした。

だから私は実績づくりから始めました。ちょっとした無償提供で接骨院の先生に使っ

「実績を伝える言葉」の具体例

	顧客の支持		顧客の変化
伝えたいこと	多くの顧客が支持	特別な顧客が支持	顧客の変化
具体例	累計販売数100万個突破	オリンピック選手も愛用	「この鍋を買ってから料理が楽しくなった」という山田さんの声を紹介します
具体例	楽天ランキング1位獲得	あの五つ星ホテルが採用	
具体例	発売30分で完売しました	人工衛星にも搭載	導入企業の8割で生産性向上

御社では、どんな言葉が使えそうですか？（書いてみてください）

※いくつか書き出したら、社外の人に見せて「すごいと思う順位」を付けてもらいましょう。当事者には予想外の答えが返ってくることがほとんどです。

ていただいて、「すごくよかったよ！」というお声をいただく。それは小さな実績だと思います。けれど、その声をホームページに載せたり、ＰＲ活動に使ったりすると、「接骨院の先生が言っているのなら」と、アスリートやそのコーチ、舞台俳優、モデルの方などにも「使ってみようかな」と思っていただけるようになります。

エアウィーヴを浅田真央さんに使っていただいたのも、そういった小さな実績の積み重ねの結果でした。**小さな実績が積み重なって、大きな実績になっていく。**実績が実績を呼んで、ＰＲ活動の素晴らしい素材が生まれるのです。

「売る覚悟」がありますか

さて、実績の重要性をしつこく強調してきましたが……

「でも、自慢話ばっかりするみたいで嫌だな」

と、思った方もいるはずです。

でも、少し考えてみてください。

確かに「嫌みだ」と思う人は、多少は出てきます。

けれどそれをはるかに上回る数の顧客がついてきます。

例えば、実績をうたえば、今は10人の顧客が1000人に増える。けれど数人に嫌われる。

そこであなたは、どう決断しますか。

数人に嫌われないために、990人の潜在顧客を捨てるのでしょうか。

小さな会社にどんなに立派な実績があっても、自分から強くアピールしなければ、誰も振り向きません。私がエアウィーヴ時代、嫌というほど思い知った現実です。

自分の商品、サービスを「本当にいいものだ」と思うなら、それを広めるのは、あなたの人生のミッションではないでしょうか。「売り手の覚悟」が問われるところです。

顧客は「変化」にお金を払っている

しかし、いくら実績が大事とはいっても、実績だけでは相手の心を深く動かすことはできません。ちょっと興味を持って、1回だけ買ってもらえても、ファンにまではなりません。いいクチコミを広めてもらうまでにはなりません。

顧客にあなたの商品やサービスを買ってもらうのはもちろん、ファンになってもらうためには、ほかにどのような言葉が必要なのか。

実績を含めて4つの要素があります。これらを組み合わせると「PRの基本設計」が完成します。

ここから順番に、解説していきます。具体的には、左ページの図を、ご自身の商品やサービス、会社に当てはめて具体化していく作業になります。

まず、商品やサービスを購入するとき、顧客は何を期待しているか?

それは「変化」です。

その商品を買ったことをきっかけに、「自分自身がAという状態から、Bという状態へ、変化する」ということです。人が何かを欲しがる動機は基本的にすべて、この「変化したい」という感情に基づいていると思います。

PRの基本設計

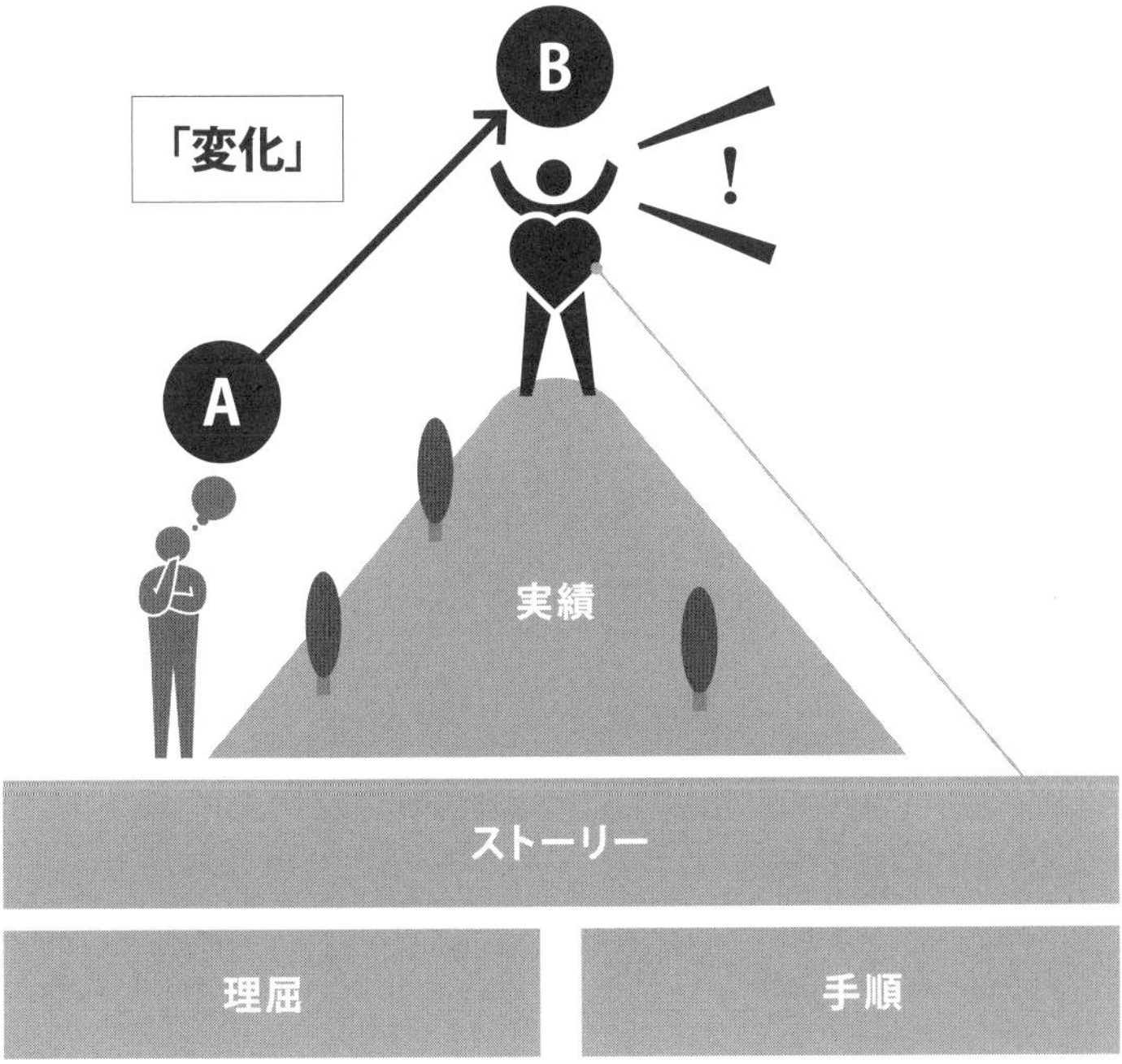

お客様は変化が欲しい。変化によって得られるベネフィット（利益）が欲しい。だからお金を払うのです。

例えば、「これは快適なマットレスです」と言うよりも、「熟睡できるようになるマットレスです」と伝えたほうが、顧客は商品に興味を持ちます。

この本を読んでいる皆さんも、「売上を上げたい」「広告コストを下げたい」「今はあまり知られていない会社を、一気に認知させたい」。そういう変化をもたらすスキルが欲しくて、この本を手に取ってくださったのですよね。

一時期、話題になった、トレーニングジムのライザップのＣＭも同じです。ライザップに通うことで、たるんだ体形が見事にシェイプアップできる。そんな変化を、インパクトのある映像で見せたから爆発的な反響を呼んだのですよね。

だから、ＰＲで必ず、言語化していただきたいのは、あなたが提供する商品やサービスを購入することで、顧客がどのように変化するか。要するに**「ＡからＢへ」**です。

安眠できなかった人が、熟睡できる。

無名の会社が有名になる。そして、売上が低かったのが、高くなる。

太っていた人が痩せる。

顧客に約束する「A地点→B地点」とは？

お客さんが欲しいのは
「変化」

▼

Ⓐ → Ⓑ になる

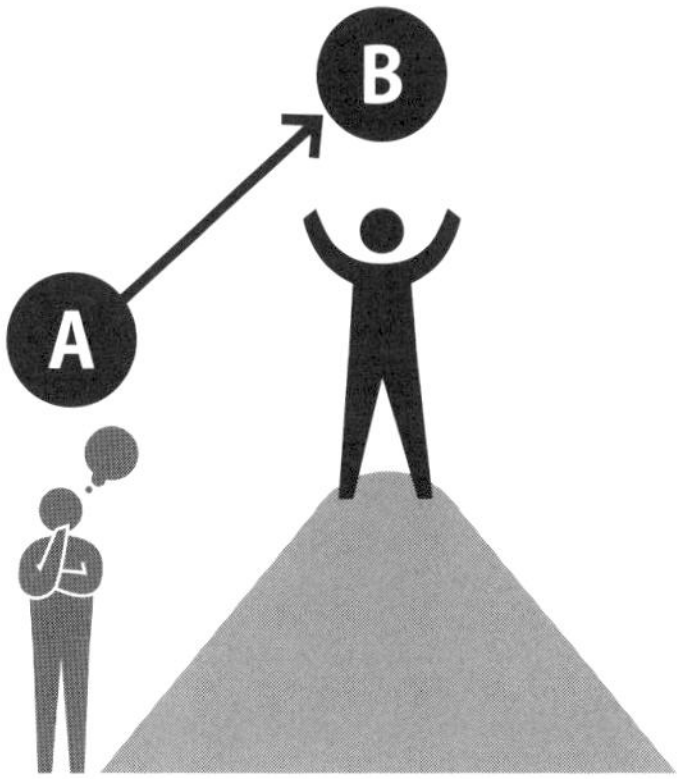

顧客が期待する変化（A→B）は何ですか？ 書き出してみてください。

…………………………………………

…………………………………………

…………………………………………

…………………………………………

例）・熟睡できない → ぐっすり眠れて、頭がすっきり
・会社の認知度が低い → 認知度が上がって、売上アップ
・太っている → 3カ月で体重10kgダウン

あなたの会社が提供する「変化」を、明確に言葉にしていただきたいのです。前ページの図に書き出してみてください。

「B地点からの景色」が、欲求を高める

さらに、変化したあかつきには、どんな「景色」が待っているかも、顧客にイメージしてもらいましょう。**B地点から見える景色**を言語化します。

熟睡できたら、仕事の効率が上がった。

自社商品がテレビで紹介されたら、売上はもちろん、社員のやる気も上がった。

痩せたら、自信が持てるようになり、プレゼンテーションが上手になった。

こうした「景色」は、「変化」とは違って、顧客に対する「約束」ではありません。**変化の先に待っているかもしれない「可能性」**であり、ほかにもいろいろ考えられるでしょう。

左ページの図に書き出してみてください。

約束ではなくても、「こんな未来が待っているかもしれませんよ」という可能性を景色として見せてもらうと、顧客はワクワクします。そして、お金をかけてでも手に入れ

B地点から広がる可能性は？

Ⓐ → Ⓑ

Bになるとどんな景色がみえる？

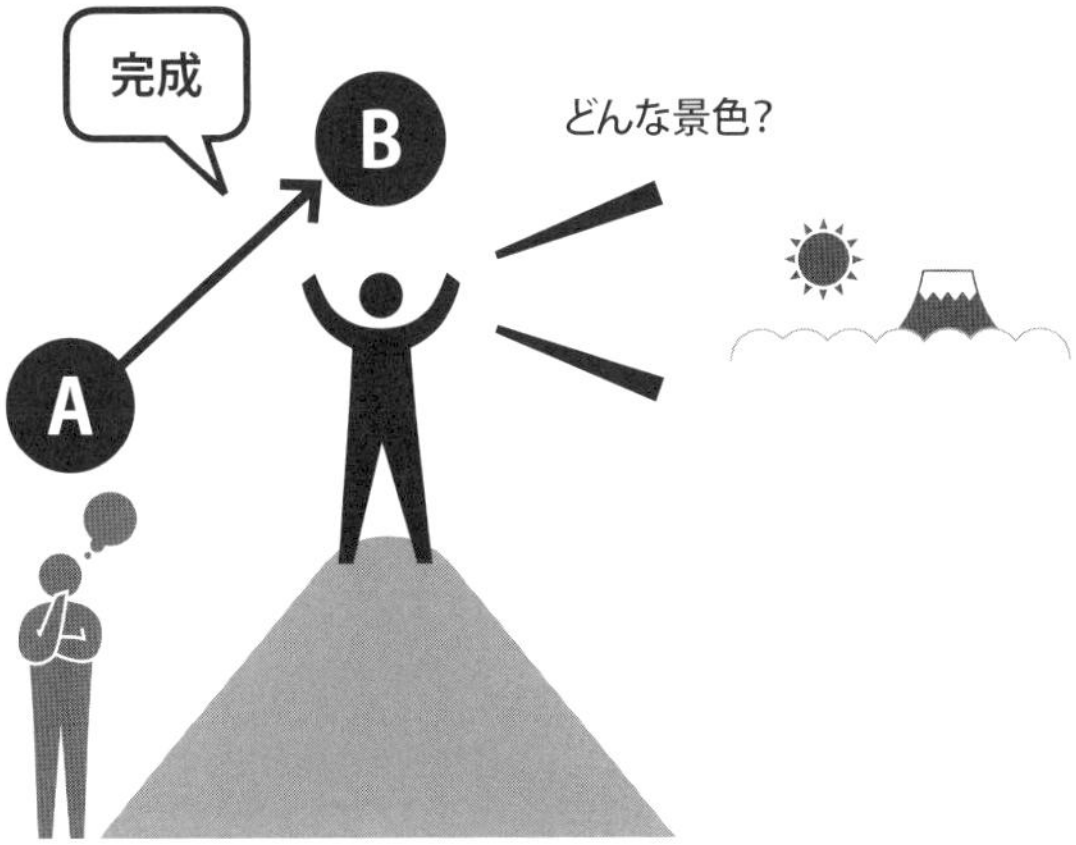

顧客が変化したとき、どんな景色が見えるでしょうか。
書き出してみてください。

例）3カ月で10kg痩せた女性の場合
→ 外見、内面ともに自信がつき、モテるようになる
→ 人前に立つことや、SNS発信が楽しくなり、集客がうまくいくようになる
→ 職場のコミュニケーションが良好となり、評価が上がる

たいというワンランク上の欲求が生まれます。

その結果、あなたの商品、サービスが顧客に選ばれたなら、それは実績です。

さらに、選んでくれた顧客に変化があれば、それも実績。

そこから見えた新しい景色もまた実績です。

こうして実績を積み上げるほどに、あなたの商品、サービスはしっかりしたファンを持ち、会社の土台は強くなります。実績をコツコツと積み上げていくことが重要です。

さらに、その実績をアピールすることの重要性は、これまでしつこく強調してきた通りです。

実績の積み上げが、PRの土台

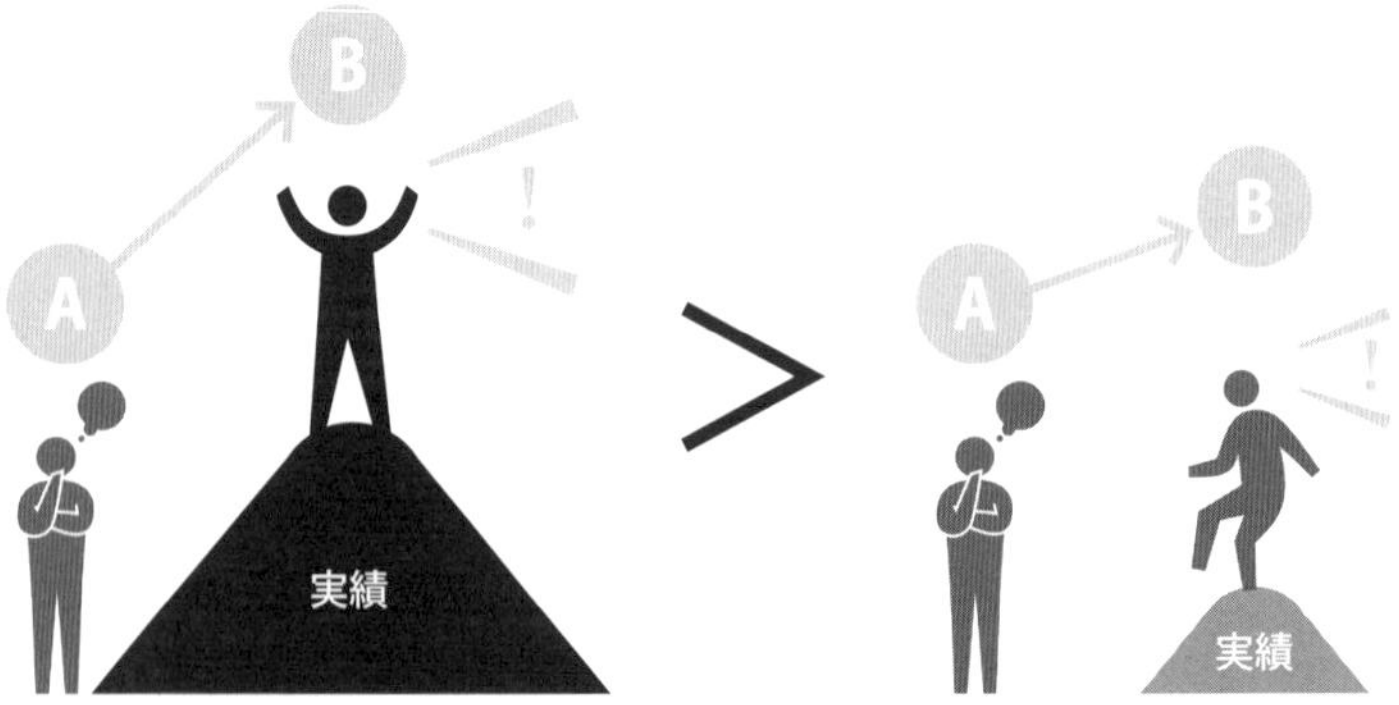

ストーリーは唯一無二のもの

最後にＰＲに絶対欠かせないもの。それはストーリーです。

これまでにＰＲで伝えるべきことを３つ挙げました。


第１に、変化。

第２に、景色。

第３に、実績。


しかし、この３つは、実のところ、**競合他社も、似たようなものを提供できている可能性が高い**のです。

マットレスが安眠をもたらすのも、経営セミナーが増収をもたらすのも、トレーニングジムに通って痩せるのも、すごく珍しいことではありません。

それに対し、ストーリーというのは、あなたの会社にしかない、唯一無二のものなのです。

しかし、ストーリーとは何だろう。そう思った方もいますよね。ストーリーとは……

- **なぜその事業（商品やサービス）を始めたのか**
- **その事業に対する並々ならぬこだわり**
- **事業が成功する（軌道に乗る）までの苦労**
- **成功した実績（顧客の反応など）**
- **今後の夢**

といった、あなたの商品、サービスにまつわる、さまざまなドラマのことです。

商品そのものはまねできても、ストーリーはまねができません。そう考えれば「**ストーリーは唯一無二のPRポイント**」ということに、納得していただけるかと思います。

ストーリーは、多くの人の共感を呼ぶものですし、特にメディア向けのPRでは強

ストーリーは「唯一無二」のPRポイント

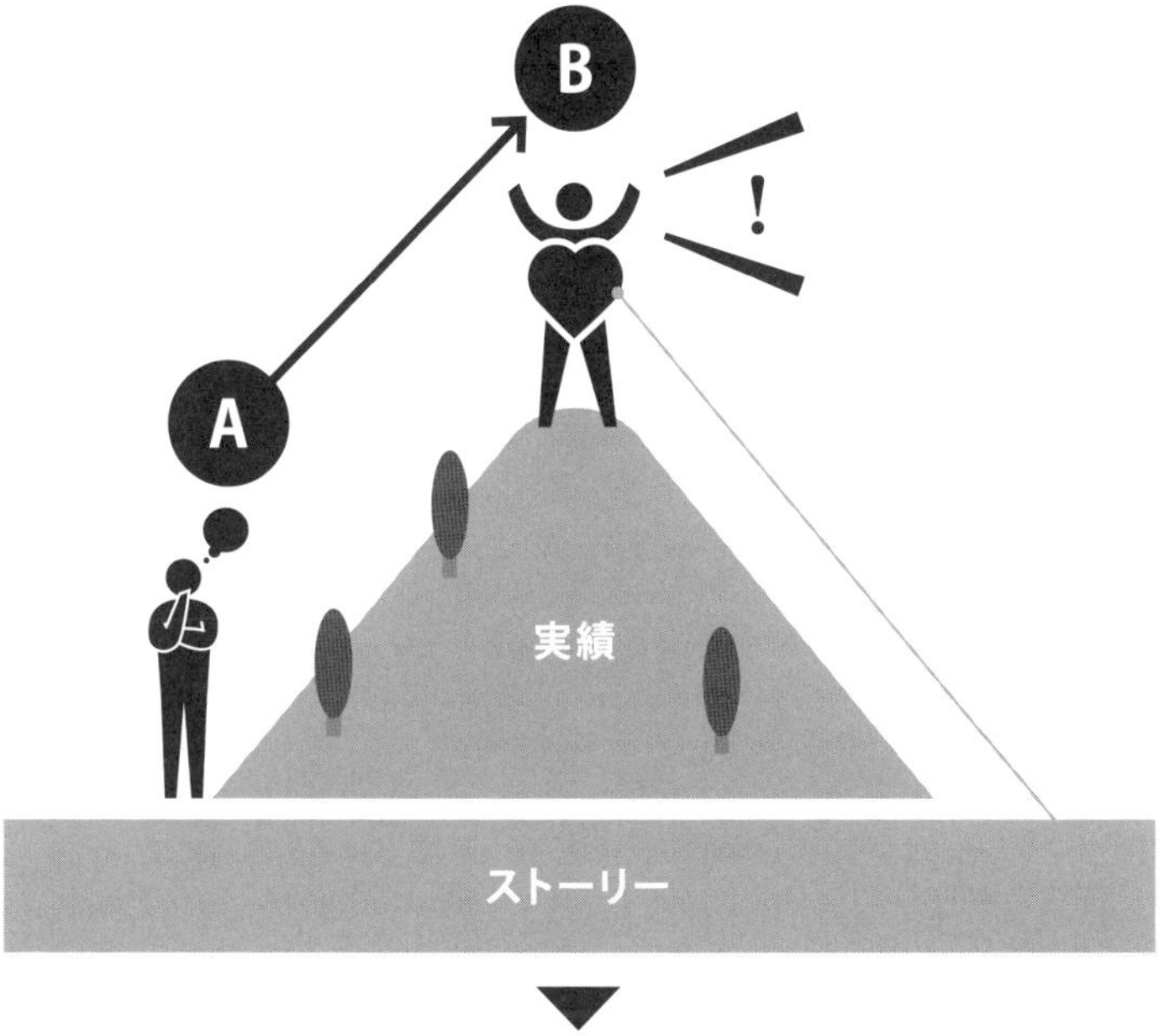

他社と差異化・ファン化・リピート
メディア掲載

いフックになるものです。雑誌や新聞、テレビなどのメディアはストーリーが大好き。それは、ストーリーがあると記事や番組などのコンテンツが作りやすいからです。ストーリーがあれば、メディアで取り上げられる確率もグンと高まります。

ストーリーの中でも、特に共感を呼びやすいのが、「苦労」のエピソードです。

例えば、このペンを完成させるまでに5万個の試作品を作りました。5万個の失敗作がありました。あるいは、この製品を完成させるのには3年もかかりました。どの工場に行って交渉しても、誰も製造を引き受けてくれなかったけれど、最後にたった1人、協力してもいいという人が現れて、やっと実現したのです、だとか。

そういうことがあると、当事者は「恥ずかしい」などとネガティブに捉えがちですが、そんなことはありません。何の苦労もなく完成したペンではなくて、5万個の失敗を経て完成したペンのほうが、商品の説得力は何倍も何十倍もアップします。消費者もメディアも、「だからこそこの会社は素晴らしい」「ぜひ応援しよう」という気持ちになるのです。

だから、苦労話や失敗談をどんどんアピールしてください。

マイストーリーを描こう

コアなファン・リピートにつながる

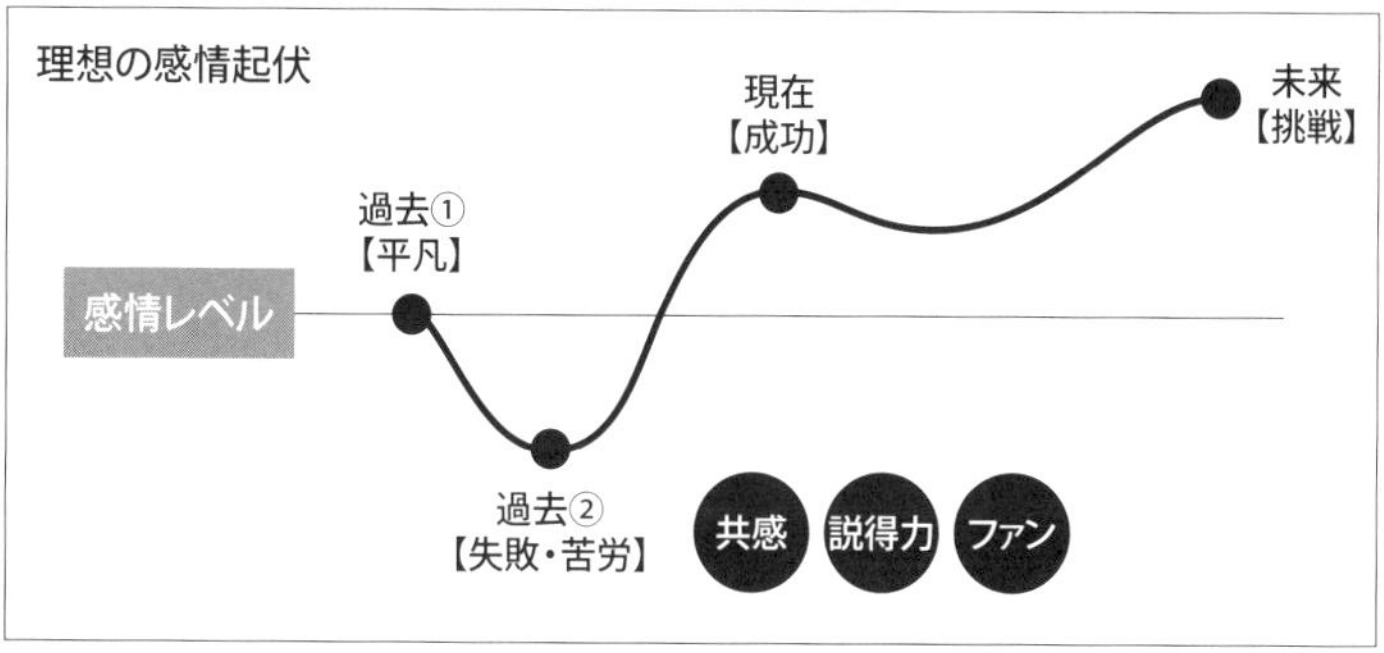

ポイント

理想のお客様像に響きそうか?!

あなたのストーリーは？ 書き出してみてください。

過去①【平凡】

過去②【失敗・苦労】

現在【成功】

未来【挑戦】

このストーリーを描くときに重要なのが「起伏」です。前ページの図のイメージです。

平凡だった会社が、失敗や苦労を経験する。そこから立ち上がって成功し、さらに未来に向かって挑戦していくという、感情の起伏のあるストーリーが魅力的です。

失敗や苦労は、どん底まで味わっていたほうが話は深まります。苦しかった昔があればあるほど、PRするときにはラッキーです。いつもハッピー。順風満帆では、ストーリーとして面白くありません。共感を呼び、メディアも取材したがるストーリーとは、苦労と成功の落差が大きいストーリーです。

ストーリーについて、私の経験をお伝えします。

エアウィーヴという会社は、もともとマットレスの会社ではなく、釣り糸を作る機械を生産している会社でした。しかし、その機械が売れなくなり、赤字が続き、会社の存続すら危うくなってきたとき、社長が起死回生の一手に出ました。釣り糸を作る機械は需要が減るばかり。ならば、その技術を使って何かまったくほかの商品を作れないかと考えたのです。それも自社ブランドの商品を。そして、釣り糸が絡まったものが工場のゴミ箱に捨てられているのを目に留め、そのクッション性、弾力と通気性を、マットレスに使えないかと考え、試行錯誤のうちに開発したのが、エアウィーヴです。

このストーリーには感情の起伏があります。

私は最初、釣り糸製造機の会社だったとか、赤字を出していたという話は、ネガティブだから出さないほうがいいのではないかと思っていました。

しかし、メディアの人と話しているとき、このエピソードを明かすと、とても食い付きがいいのです。「その話は絶対載せたい」「昔の写真はないか」といった要望を聞くうち、段々と積極的に、苦労話を出すようにしていったのです。

実際、エアウィーヴがメディアに取り上げられるようになると、釣り糸製造機の会社が赤字を出していたことがきっかけという、このエピソードは必ず紹介されました。

ストーリーには、画像があったほうが断然いいです。SNSでもメディアでも画像があるのとないのとでは、記憶への残り方がまったく違います。

私が過去にPRを担当したお鍋のメーカーには、人気商品を完成させるまで、何度も試作を繰り返したというストーリーがありました。メディアの方にお話しすると必ず、「そのときの失敗作のお鍋はありませんか」と、おっしゃいます。絵になるからです。

実際には失敗作は残っていませんでしたが、あまりに要望が多いので、失敗作を再現して作ってもらいました。

さて、これでPRの基本設計に必要な4つの要素を押さえました。おさらいです。PRの基本設計に必要な4つの要素とは……

第1に、A地点からB地点への「変化」。
第2に、B地点から見える「景色」。
第3に、そのような変化と景色を顧客に提供してきた「実績」。
第4に、この3つを支えるストーリー。

こうして最初の図を完成させたものが左ページの図です。4つの要素をより詳しく解説したものも70ページに用意したので、参考にしてください。

PRの基本設計を押さえたところで、しつこいようですが、確認しておきたいことが

顧客の感情を動かすプレゼンの型

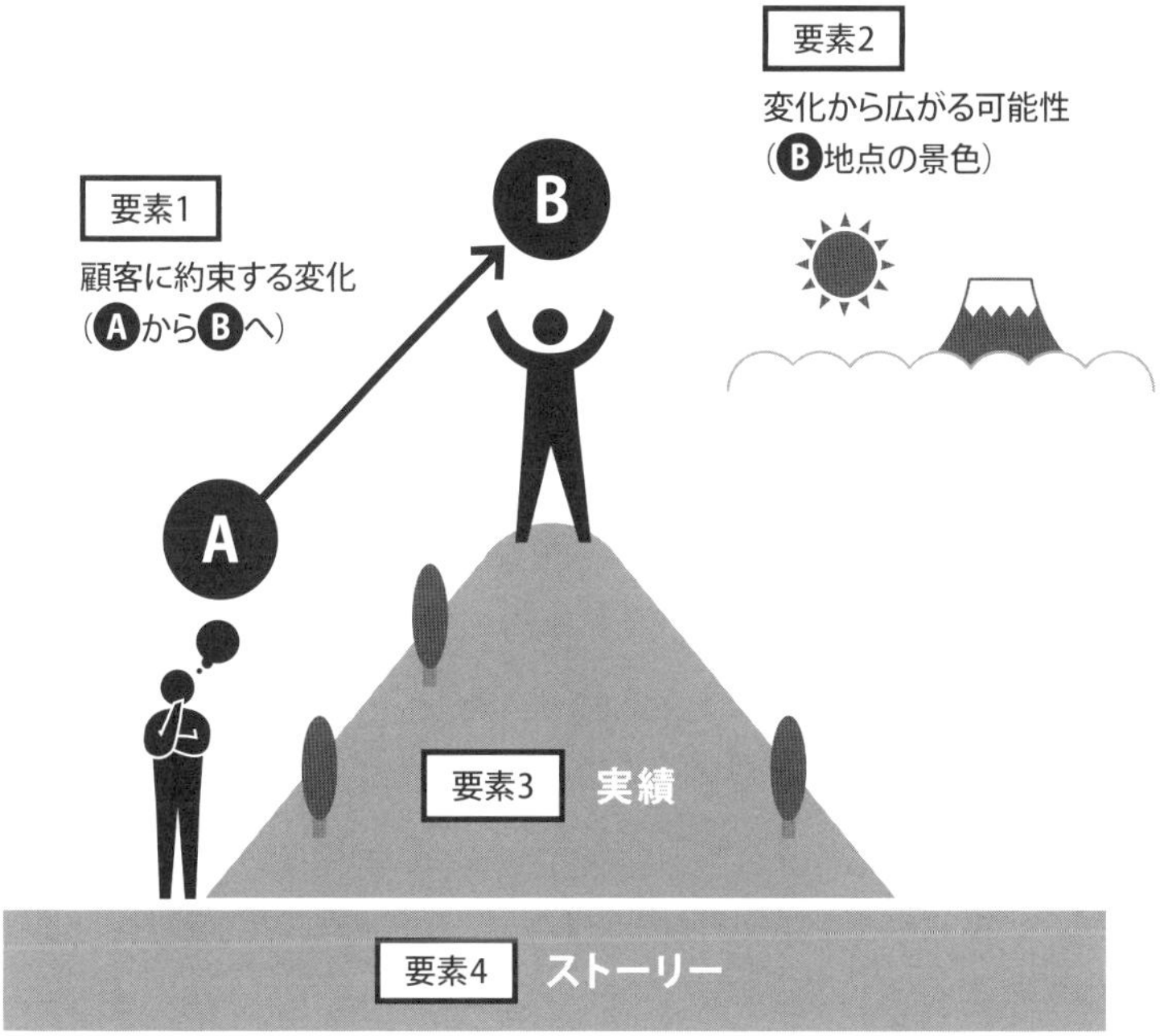

プレゼンの型を構成する4つの要素

要素1 顧客に約束する変化

例
- **太っている** → フィットネスジムに通って、痩せる
- **料理が苦手** → 新しい鍋で、料理が上手に作れる
- **社員の定着率が低い** → 研修で、定着率が高くなる

要素2 変化から広がる可能性

例
- 痩せた結果、自信がつき、周囲からの信頼が増す
- おいしい料理で、家族団らんの楽しみが増す
- 定着率が上がると、売上も上がる

要素3 実績

パターン1 多くの顧客が支持
（「累計販売数100万個突破」など）

パターン2 特別な顧客が支持
（「オリンピック選手も愛用」など）

パターン3 顧客が変化した実例
（「導入企業の8割で定着率向上」など）

要素4 ストーリー

- □ なぜその事業を始めたか
- □ 事業に対する並々ならぬこだわり
- □ 成功するまでの苦労
- □ 成功実績
- □ 今後の夢

あります。

どんなＰＲも、商品やサービスの優れた品質があってこそ効果がある、ということです。

ＰＲの土台となるストーリーとは、実績を支えるものでもあります。顧客に変化を約束し、ワクワクする景色をお見せできるのは、商品やサービスを開発する苦労があってこそ。苦労して品質を高めたからこそです。

そこには必ず、品質を支える理屈と手順があります。ストーリーを語るときには、そんなロジックも、さりげなく伝えられると説得力が増していいですね。

今の時代は、いい商品はいい評判が、悪い商品には悪い評判がすぐに広まります。だから、ＰＲにおいても商品やサービスの「質」が決定的に重要です。そもそも、「いいもの」でなければ、どんなにＰＲのテクニックを駆使しても、クチコミは生まれません。

そんな時代を、どう思いますか。

小さな会社にとってはチャンス到来です。

質が低いものはどんなに広告費をかけても受け入れられない。一方で、いいものを作って、うまくPRすれば、広告費をかけなくても、いい評判がどんどん拡散されて、顧客に愛されながら、売上を伸ばしていけるのです。

コスト0円のPRの力で、無名の会社のものであっても、本当に質が高い商品、サービスが、どんどん世の中に広まっていく。

ちょっとワクワクしませんか。

ぜひこの本を読んでいる皆さんにも、そんな素敵な体験をしてほしいのです。

冒頭の問題の答え・私の考える正解は……

Lesson2 Answer

❸ 売れた実績、評価された実績

解　説

今の消費者が最も信頼するのは「第三者が評価した実績」であり、最優先で伝えるべき。ただし実績だけでもダメ。特に開発ストーリーには大事な役割があります。

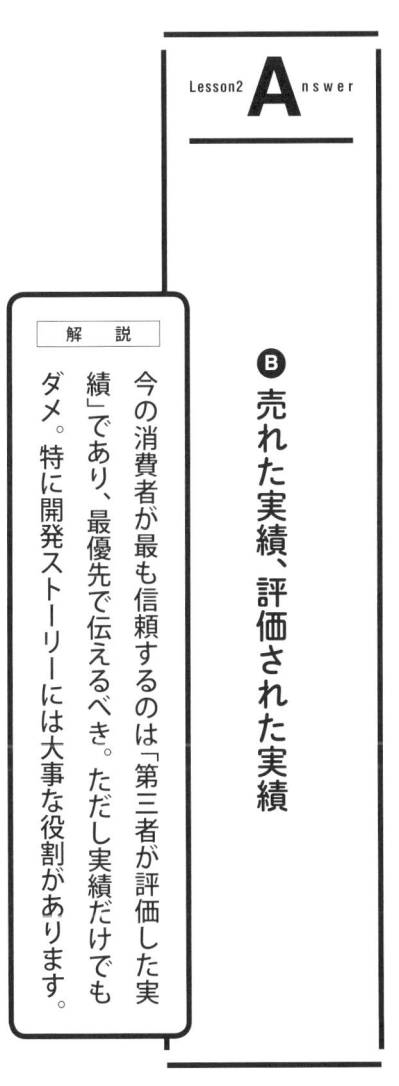

【Lesson3】何を使って?

ツイッターに
FB、インスタ、
何がどう違う?

Lesson3 Question

会社の公式SNSアカウントで、
やってはいけないことは？

A 担当者一人に任せてしまう

B 上司が投稿内容を事前にチェックする

C 他社アカウントの投稿にツッコミを入れる

↓
私の考える正解は……このレッスンの最後に

消費者が信頼するのは、広告よりSNS

【Lesson2】では、PR活動で「何を伝えるか」を、基本設計に沿って、ご説明しました。読者の皆さんに伝えたい物語が見えてきたなら、うれしいです。

続く【Lesson3】では、「何を使って伝えるか」。PRのツールについてです。情報過剰な今の社会で、PRに必須のツールは何か? SNSでしょう。

10年間で530倍になった情報量は、その後も増えるばかり。膨大な情報が飛び交っている今、**消費者は賢くなって、企業が直接提供する情報には懐疑的**になっています。

いくら大手企業が、「この製品は素晴らしいですよ!」と言っても、「それって会社の広報が言っていることでしょ」「お金を払って広告として流している情報でしょ」と、頭から疑ってかかるのが、21世紀の標準的な消費者です。

そういう中で、今の消費者は誰からの情報を信じるか。

それは、ＳＮＳでつながっている人。自分が信頼し、フォローしている人たちです。タイムラインに、自分がフォローしている人から情報が流れてくると、「あ、あの人だ。あの人がリツイートして、広めている情報なら間違いない」と、一気に信頼できる気持ちを抱くのです。

今、ＳＮＳの利用者がどのくらいいるか、ご存じですか。

２０１９年末には、７７６４万人、実にネットユーザーの77％がＳＮＳを利用しているという推計があります。その数は右肩上がりで、１カ月に平均約26万人ずつ増えていると見られています（ＩＣＴ総研「２０１８年度ＳＮＳ利用動向に関する調査」）。

しかも、ＳＮＳはもはや若い人だけのメディアではありません。40代、50代、さらには60代以上のＳＮＳ利用者も増加しているといいます。今やＳＮＳは、ビジネスにおいても見逃せないメディアになってきています。

日本におけるSNS利用者数

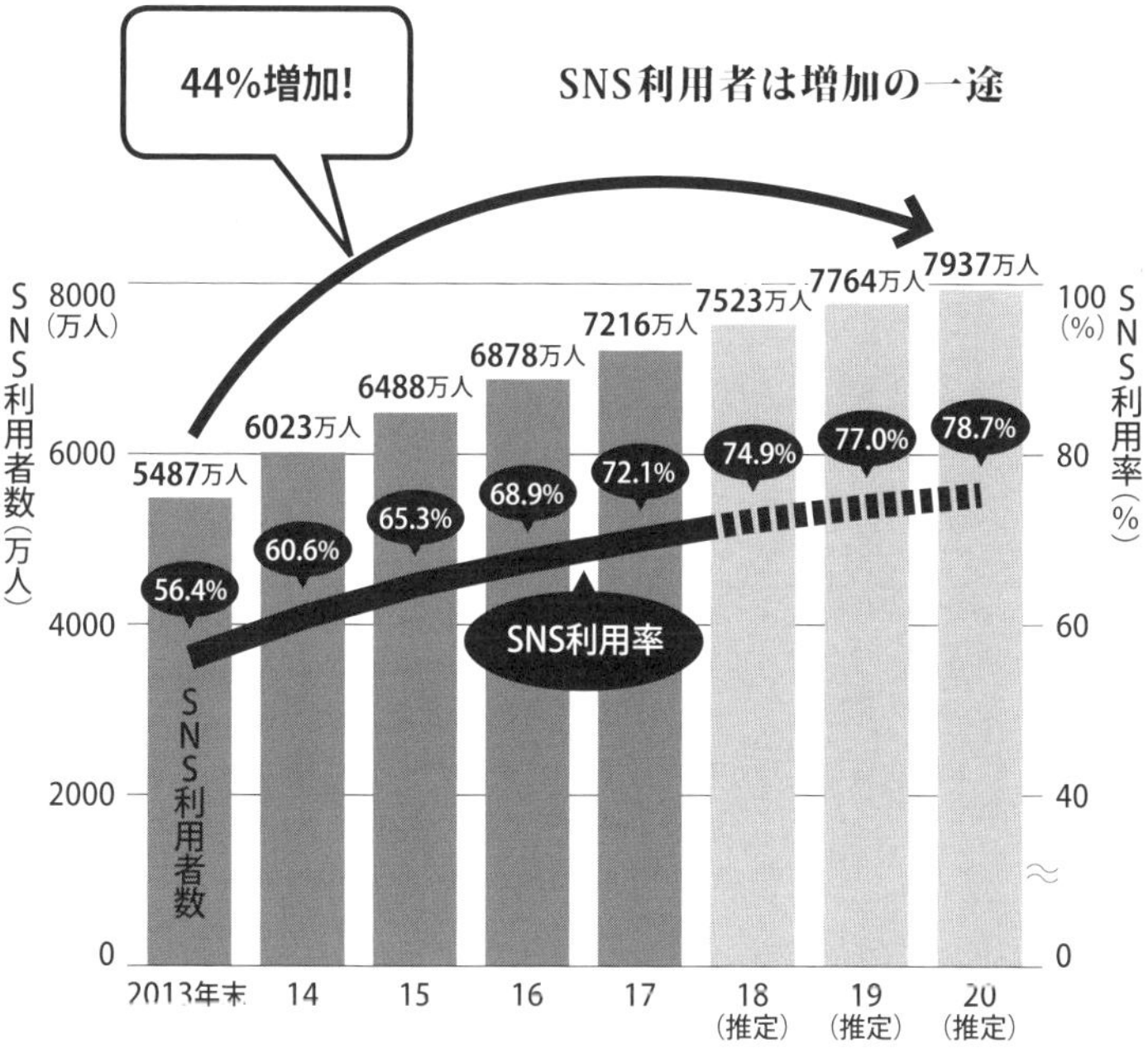

SNS利用率はネット利用人口に対するSNS利用者の割合。2017年末のネット利用人口は1億12万人
出典：ICT総研「2018年度 SNS利用動向に関する調査」（2018年12月発表）

企業は本質的にSNSが苦手

個人では、ＳＮＳを通じて有名になった人というのは、すでにたくさんいます。例えば、ユーチューバーのＨＩＫＡＫＩＮ（ヒカキン）さん。ユーチューブの「Hikakin TV」だけで登録者数が７８０万人以上いるという、超有名人ですね。

それから「モテクリエイター」として大人気のゆうこすさん。元アイドルの方ですが、自分でＳＮＳを始めて、数年で累計１４０万人以上ものフォロワーをゲットしてブレイク。テレビや雑誌、ＣＭなどで大人気です。

このように、ＳＮＳから有名になって、ほかのメディアに出ていくという人がどんどん増えていますよね。ところが、企業に目を転じてみると、残念ながら、ＳＮＳを通じて「無名だった企業がこんなに有名になった！」という成功例は、とても少ない。

企業というのは本質的にＳＮＳを使うのが苦手なのですね。後で詳しく述べますが、企業というものの性質として、「情報発信は完璧でなければならない」「弱みを見せるべきではない」という固定観念があって、なかなか思い切ったことができない。一方、SNSというのは、すごく柔軟で、スピード感があるメディアです。そこに追い付けていない、という企業が、すごく多いのです。

昔からの広告やプロモーションの考え方をそのままSNSに当てはめても、うまくいきません。だからこそ、小さな会社やこれから起業する人にはチャンスなのですが、そもそもSNSは、実はかなり特殊な分野であるということを、まず分かっていただきたいと思います。

SNSの鉄則は、「人対人」のコミュニケーション

SNSの基本は「人の心を動かす」ことにあります。
実はこれ、**PRの本質とまったく一緒**です。
要するに、いずれも**一方通行の宣伝ではない**、ということです。

企業ではSNS活用成功事例が少ない

個人の大成功例多数!!

HIKAKINさん
YouTubeチャンネル登録者数 781万人
Twitterフォロワー数 317万人
累計 約1000万人

ゆうこす さん
Youtubeチャンネル登録者数 62.3万人
Instagram 45.7万人
Twitterフォロワー 32.8万人
累計 約140万人

2019年11月20日現在。「HikakinTV」のみの数字

企業は…?

成功例が少ない

つまり… **今がチャンス!!**

「このたび、お鍋を発売します！」とか、「今度こういうサービスが始まります！」ということを一方的に知らせるのではありません。その商品やサービスを知った第三者が、「このお鍋、いいよ！」「このサービス、面白いね！」と思わず言いたくなるようなコミュニケーションと信頼をつくる活動。それがPRの本質であり、企業におけるSNS活用の大事なポイントです。

イメージとしては、「人対人」のコミュニケーションに限りなく近いと思います。

これが企業の非常に苦手とするところなんです。

企業がなぜSNSをうまく活用できていないかというと、消費者とのコミュニケーションのスタイルがどうしても、「会社対人」になりがちだからです。

「ついに発売！」などと、自分の伝えたいことだけを一方的に伝えて、伝えたくない部分については、「それはお答えできません」と、記者会見のようにシャットアウトする。そういう一方的な姿勢でSNSをしているからです。

企業は今までの習慣でつい、完璧なブランドイメージを保とうとしてしまうのですね。

けれど、それを見た一般の人はどう思うか。

「あっ、そう」

それだけです。

一方的な発表では、つまらないし、人の心は動かない。最終的には、「すごく上から目線で、この会社の考え方は何か違うな」と、見た人から無視されたり、叩かれたりしてしまいます。SNSで大事なこと。それはSNSでは、未完成であることがすごく生きるということです。

企業のアカウントであっても、SNSの投稿者の方には、ぜひ人間らしさを出していただきたいです。

「完璧にできないよ。人間だもん。だから応援してね」

「ちょっと、おしゃべりしようよ」

「私は、夫と保育園の息子の３人暮らしです」……。

そういう形で、人対人のコミュニケーションにすることで、

「笹木郁乃さんって、ちょっと面白いかも」

「この笹木郁乃さんが投稿するA社のアカウントも、すごく人間らしい」

「そっか、会社も人間なんだよね。頑張っているんだね。つい応援しちゃうな」

という感情が、見ている方に湧き上がってきます。

未完成だけど魅力的である。結果、相手の気持ちが動く。それこそがＳＮＳです。

ＳＮＳは本来、人対人でコミュニケーションするためのツールなので、企業がいきなり入ってくると、すごく違和感が出てしまいます。だから企業がＰＲに使うとしても、企業というより個人を前面に出すのがコツです。

「Ａ社に対してはコメントしづらいけど、Ａ社の笹木郁乃さんにだったら、ついコメントしたくなっちゃう」

と思われると、多くの人に見てもらい、心を動かすことができます。

完璧な企業像を壊せた会社のほうが、ＳＮＳでは人気を得ることができるのです。

SNS活用のコツは「人対人」のコミュニケーション

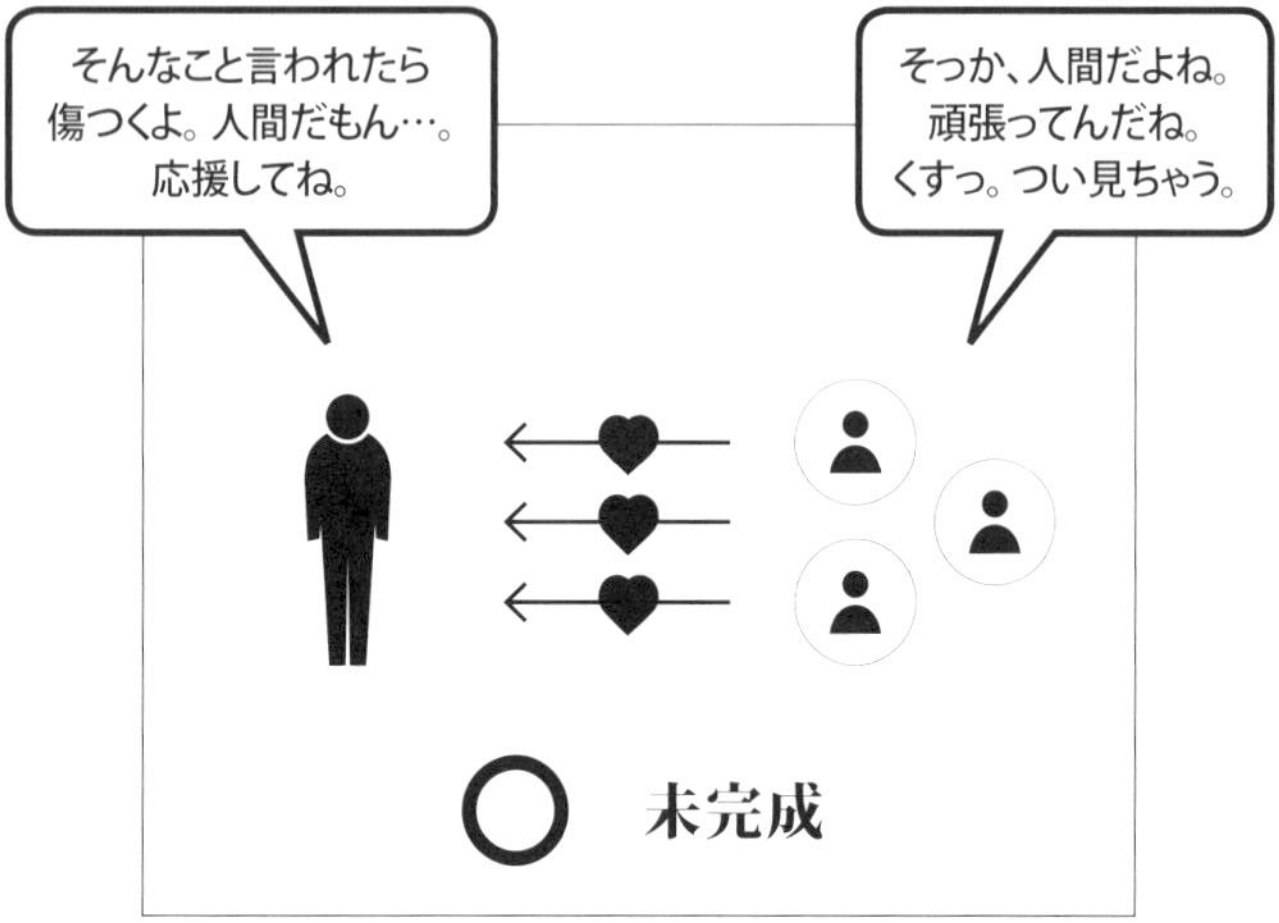

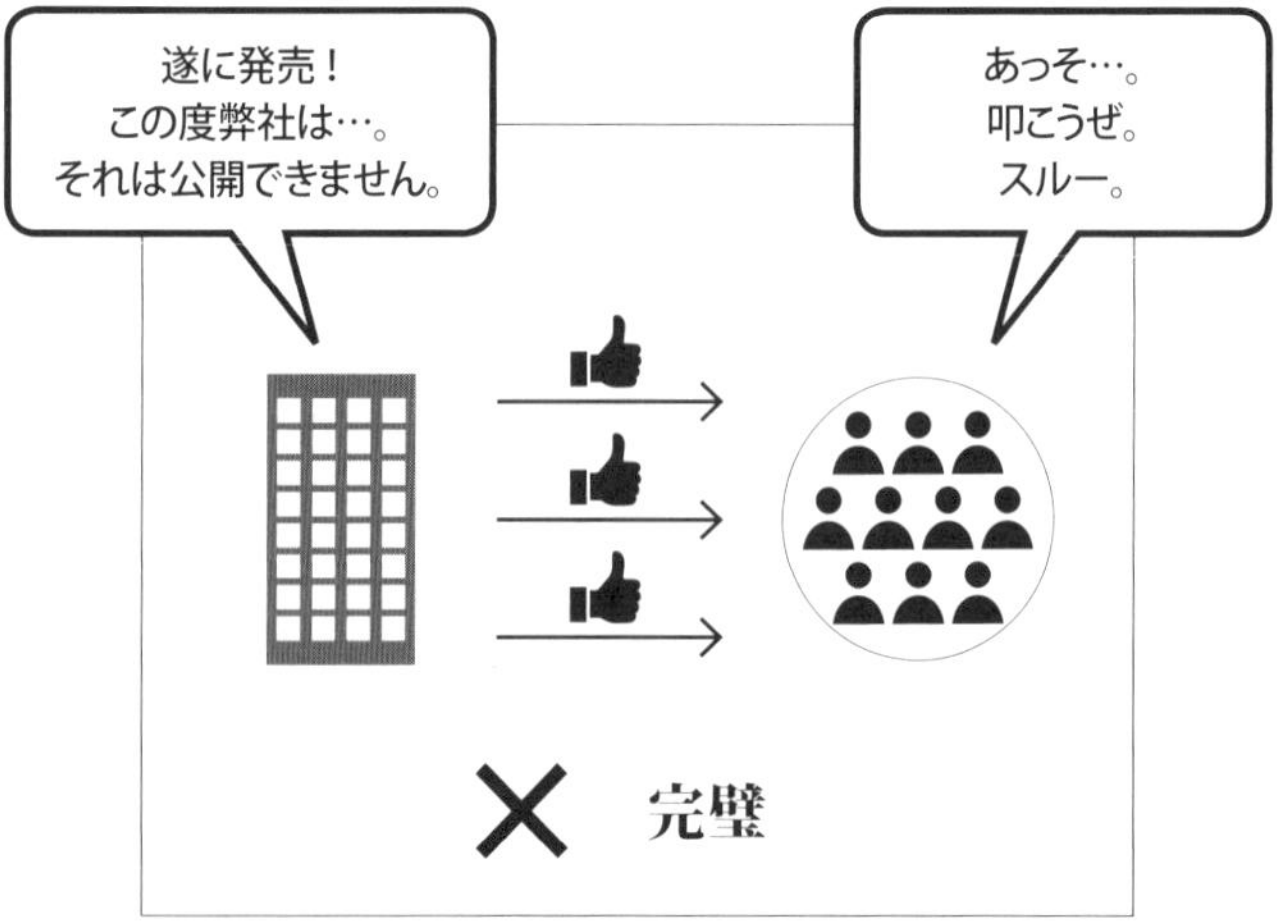

上司の事前チェックはNG

このお話をすると、企業の偉い方は大概、難色を示します。

「そうはいっても今までのブランドイメージがあるもんな。一流のイメージがせっかくあるのに、それを壊すというのは……」

といったところでしょうか。しかし、どんな一流企業であっても、SNSではあえて「人」を見せる。「弱さ」を見せたほうが、広く共感を得ることができます。

そこで、企業のSNS活用で、絶対にやってほしくないことがあります。

投稿内容の上司による事前承認です。

若い社員に会社のSNSを任せたはいいものの、何かまずいことを書かれたら困るから、投稿する前に内容を上司がチェックして、OKが出てからアップする。これでは、心を動かす「人対人」のコミュニケーションはできません。

あるテレビ局から、こんな相談を受けたことがあります。「アナウンサーにブログを書かせているが全然、読まれない。どうしたものか」

問題のブログを拝見すると、どの投稿も妙に堅苦しい。「もしかして」と尋ねて分かったのは、やはり上司の承認を受けてからアップする仕組みになっていたということ。そうなると、どうしても部下は気を回します。「こんなことを書いたら叱られるかな」と萎縮して、無難でつまらないことしか書かなくなってしまうのです。読者のことを忘れて、上司のために書いてしまうのですね。自然と当たり障りのない、優等生的でつまらない内容になってしまいます。

だから、会社の広報部長の方々などには、ぜひお願いしたいのです。SNSを若い人に担当させると決めたら、のびのびとやらせてほしい。任せてほしい。

もちろん、トラブル予防は必要です。

事前に、会社としてSNSに取り組む目的を共有したり、基本的な行動規範を話し合って決めたりすることには問題ありませんし、有効でしょう。

それでも、若い担当者が、まずいことを書いてしまったり、炎上したりするリスクもあります。そのときはそのとき。フォロワーからいただいた貴重なご意見に誠実に向き合い、謝るべきは謝り、取り合わないほうがよさそうなものは、そのままに。時間が解決してくれる問題もありますし、未知の経験の中には新しい学びもあります。担当者が前向きに対処する姿勢を見せれば、ファンは確実についてきます。

ぜひ、勇気をもって一任してほしいと思います。

吉野家のボツ企画がバズった！

２０１８年7月、牛丼の吉野家さんの公式ツイッターから発信された、こんなつぶやきが話題になりました。

今週のボツ企画ＷＷ
「肉関連企業を5社集めてニクレンジャーを結成する」
ボツ理由↓5社も巻き込むなんて実現不可能。。。

それにガストの公式ツイッターが反応。3日後の投稿は赤いレンジャーのイラスト付きでした。「吉野家さん、できましたよ!」みたいなノリで、

ガストレッド! 参上です!

と。見ている方も、「面白いね」「ノリノリだね」と思って、リツイートで反応します。そのうちに、ケンタッキーフライドチキン、モスバーガー、松屋が参戦。5社がそろってニクレンジャーが実現しました。こうした流れが、あちこちのSNSで拡散されたり、テレビのニュースに取り上げられたりしたのです。

ニクレンジャーの成功のポイントは、1つには「ボツ企画を公開する」という筋書きの面白さでしょう。このような「不完全な自分を見せるコミュニケーション」に抵抗を感じてしまうと、なかなか人の心はつかめません。

それに加えて、**SNSは、なんといってもノリと、テンポが大事**です。そのテンポ

に乗り遅れないためにも、いちいち上司の承認を求めるのはNGです。

企業SNSの3つのNG

企業のSNSを成功させるには、3つのNGがあると思います。

①上司の事前承認はNG

しつこいようですが、「不完全な自分」を見せるのがSNS成功のポイント、加えて、スピード感が大事です。だから、上司承認はNGです。人間らしさがなくなり、テンポが落ちてしまいます。

②企業として対応するのはNG

「このたび弊社は新たな事業を始めることになりましたが、詳細は公開できません」といった、いかにも企業広報らしい、個人と会社の間に一線を引くような対応は、SNSではNGです。あくまで担当者一人ひとりが、個人として対応する。

もちろん、若い担当者に任せるとなれば、経営者や上司には不安もあるでしょう。適切な対応が取れるように担当者を育てるには、**会社がしっかりとしたミッションを持ち、それを社員に伝え、理解し、共感してもらう**ことが大事です。

③保守的になるのはNG

過去の自分を守ろうとしてしまうと、ファンはつかめません。過去の企業イメージを守りすぎない。ニクレンジャーのように、同業他社など第三者と絡みながら、積極的に消費者とコミュニケーションを取れるのがSNSの醍醐味です。ぜひグイグイとやれるようにしてください。

SNS担当者は「会社のミッションを語れる人」がいい

それでは、どのような人をSNSの担当者にしたらいいか。

【Lesson1】で、ご紹介した「PR担当に向く人」と、同じ。SNSの本質はPRです。

第1に、ミッションを語れる人。
第2に、自己開示が上手な人。

SNSは「人対人」のコミュニケーションツールではありますが、公式アカウントとなれば、企業の代弁者として、
「うちの会社はこういう思いを持ってやっています」
「この商品開発はすごく難しくて、今、苦労しているけれど、思いを持って頑張ってやっているから応援してくださいね」
といった情熱を伝えることがすごく大事。

SNSにおいては、個人の情熱が第三者を巻き込んでファンをつくっていきます。だから個人として、企業のミッションを熱く語れるかどうかが非常に大切になります。

そして、企業のミッションに対する個人としての思いを、上手に自己開示する。

そういう担当者を探し、育てられるかどうかが、味気ない投稿しかできなくなってしまう残念な会社と、SNSで熱狂的なファンをつくれる会社の違いだと思います。

ツイッターにフェイスブック、インスタ、どう使い分ける？

企業ＰＲにＳＮＳを使用することの意義をお伝えしてきました。

次は、個別のＳＮＳの特徴と使い分けについてです。一口にＳＮＳといっても、ツイッターにフェイスブック、インスタグラムなど、いろいろな種類があり、それぞれ特徴があります。

まず、それぞれの利用者の年代や性別が違います。詳しくは１０６・１０７ページのデータでご確認ください。さらに、もっと本質的な違いがあります。ここでは、その違いを理解する判断軸を、ぜひつかんでいただきたいと思います。

本質的な違いを理解するのに役立つのが、26ページでも紹介した、ＡＩＳＡＳのフレームワークです。

消費者が、特定の商品を認知し、購入するまでには……

【A】Attention（注目）
【I】Interest（興味）
【S】Search（検索）
【A】Action（購入）
【S】Share（シェア）

というプロセスがある、ということです。


SNSに共通するのは、情報を共有、拡散すること、すなわち「シェア」です。

しかし、そのほかの機能には違いがあります。

例えば、フェイスブックは、「注目」。つまり商品やサービスを最初に認知させることに向いています。昔は、主に広告やチラシが担っていた役割です。さらに、フェイスブックでは、しっかりした文章と複数の写真を組み合わせて紹介されることが多く、「興味」を深めてもらうこともできます。

一方、ツイッターは文章が短く、インスタグラムは画像がメイン。なので、フェイスブックのように「しっかり読まれる」ことは少ない代わりに、「1秒で目を引く」という瞬発力が強いのが特徴です。ＡＩＳＡＳのモデルで考えると、「注目」を引くのに向くということです。

そして、最近、活用する企業が増えているのが、ＬＩＮＥ＠（ラインアット）。個人間でメッセージをやりとりするＬＩＮＥに組み込まれたメルマガ、と考えていただくと分かりやすいと思います。不特定多数にアプローチすることはできないので、広く「注目」を集める力はあまりありません。ですが、確実に読まれやすいので「興味」を引くのには向きます。

このようにＡＩＳＡＳのモデルで考えると、「ＳＮＳで売上を上げる」ために、注意すべきポイントが浮かび上がります。

ＳＮＳは、消費者の注目や興味を引き、情報を拡散するのには、非常に向いています。けれど、それだけでは売上につながりません。そこは、広告やチラシと似ています。けれど、ＳＮＳで消費やサービスに興味を持った人が、「検索」したときに、思わず「買おう！」となるような情報や場所が用意されていれば、売上につながります。

そこで必要なのが、ネット検索した人に情報提供するホームページや、実際に購買で

SNSの役割とは?

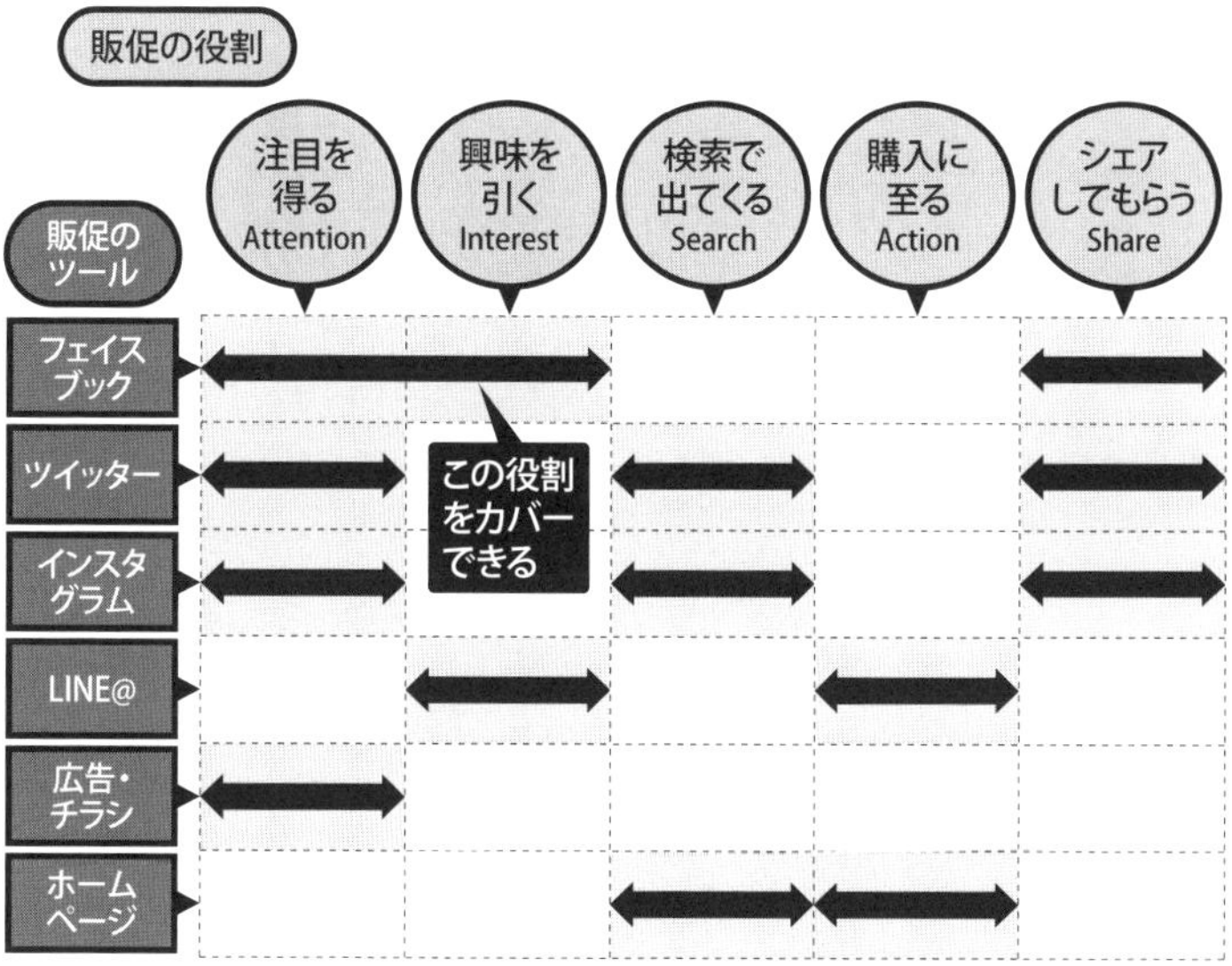

ポイント

- SNSは「広告・チラシ」のような（注目）を得るツールとして重要度を増している
- SNSは「注目」だけでなく（シェア）が得られるのが魅力
- SNSだけでは不十分。（検索）や（購入）をする人に向けた情報提供も必要きる通販サイト。これらと**セットで使ってこそ、SNSは最大限の威力を発揮します。**

もう1つ、SNSの使い分けで役立つ視点があります。**「浅く広く」が得意なものと、「深く狭く」が得意なもの、**という違いです。100ページの図を見てください。

浅く広いSNSの代表格は、ツイッター。できるだけ多くの人に、認知してほしい企業が活用したいSNSです。一方、人数は少なくても、確実に情報を届けたいと思う人は、LINE@というふうに、使い分けるといいと思います。

では、浅く広いものから、順番に解説していきます。

とにかく自分の会社の名前をたくさん知ってもらいたいなら、ツイッターが1番です。ツイッターでは面白い投稿があると、リツイートされてどんどん拡散されていきますし、ユーザーの年代や性別など属性も幅広いので、自社のことをまったく知らない人にもリーチできるチャンスがつかめます。

最近では、「#（ハッシュタグ）」を使った、投稿の検索も盛んです。「#」は、SNSで、特定のトピックを分類する記号。詳しくは、この後のインスタグラムでご紹介します。

お客様とのコミュニケーションが取りやすいのもツイッターの特徴です。例えば、「エアウィーヴ、買おうかな。どうしようかな」といった投稿を見つけたら、すぐフォローして、「横浜にお住まいなら、横浜高島屋でお試しできますよ！」と、お伝えできます。

一方で、ツイッターの大きな特徴でもあり、リスクでもあるのが匿名性です。匿名だから気軽に登録できて利用者が多いのですが、その分、安易な気持ちでほかの利用者を傷つける投稿をする人も目立ちます。

要するに、ほかのSNSより叩かれやすいのです。

2020年を迎える今の状況を前提とするなら、濃いファンを増やしたい小さな会社にはツイッターよりも、これからご紹介するインスタグラム、LINE＠のほうが向いているかもしれません。

インスタグラムはツイッターの次に広く浅いSNS。若い女性に人気で、ブランドイメージを上げるのにも向きます。

インスタグラムでは、ツイッター以上に「＃」を使った検索が活発です。

例えば、今の10代、20代の女性などは、「ハワイに行きたい！」と思ったら、グーグルではなく、インスタグラムで「#ハワイ」と検索します。グーグルだと、企業のホームページやウィキペディアが先に出てきてしまうので、物足りないのですね。「そんな公式情報では、本当のことは分からない」ということで、もっとリアルな情報を得るために、インスタグラムで検索するのです。

逆に、企業がインスタグラムを上手に使えれば、そんな若い人たちにとって身近で信頼性の高い情報共有のコミュニティーの中に入っていけます。

インスタグラムは写真がメインのメデ

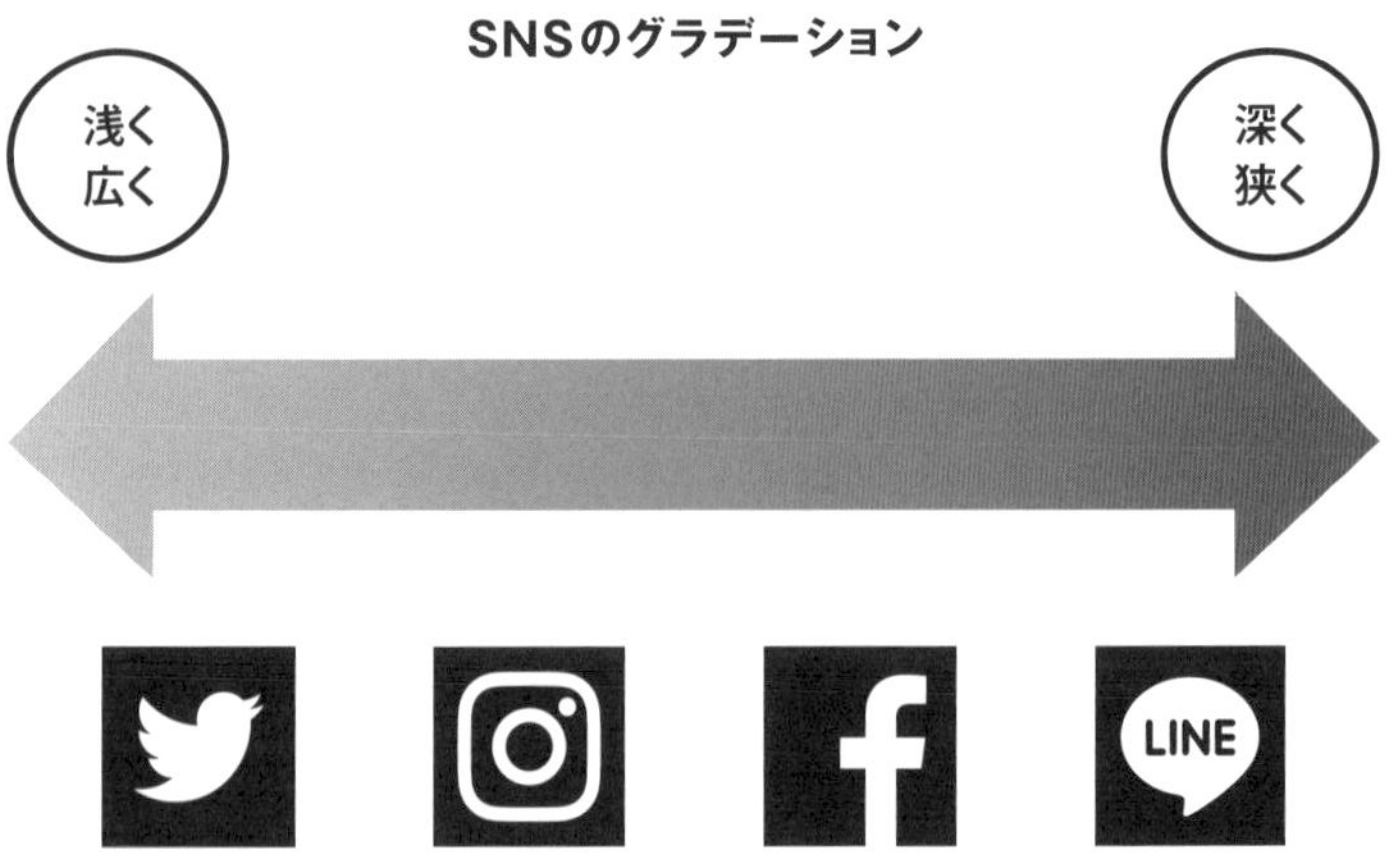

ィアなので、写真映えする商材を持つ会社には非常に適しますが、特に写真に撮るものがない、という会社もあるでしょう。それでも若い人にアプローチしたいのならば、何か自社の世界観を表現できる具体的な物や風景、絵がないかを考えてみるといいと思います。考えるだけの価値はあると思います。

次に、フェイスブック。基本的に、友達として承認し合った人たちのコミュニティーであることが特徴です。信頼関係のある人同士のコミュニティーの中で、「いいね！」が交わされ、情報がじわじわと広がっていくという性格のSNSです。詳しくは【Lesson5】でご紹介しますが、流し読みされにくいのもいいところです。

フェイスブックは、利用者は30代から40代以上が中心と高めで、向上心の強いユーザーが多いのも特徴です。しっかりとビジネスをしている富裕層などに情報を広げたいという企業には非常に適しています。

こんな特徴を持つフェイスブックは、自社を深く理解するコアなファンを育てるのに向くSNSです。

最後にＬＩＮＥ＠。基本的に家族や友人との1対1のコミュニケーションツールであるＬＩＮＥの中で、特定の会社やお店の情報を届けます。顧客の日常生活に深く狭く入り込めるのが長所。クーポンを配るのに利用するお店が増えていますよね。

ツイッターとは逆で、ユーザーは登録しないと読めないですし、会社やお店にしてみれば登録してもらわないと、読んでもらえません。なので、広く情報を拡散するのには向きませんが、しっかり読まれる傾向があります。濃いファンを増やすのにピッタリですし、クーポンのようにダイレクトに購買につながりやすいのもいいところ。

ＬＩＮＥ＠は今後、大切にしたいＳＮＳ。私はそう考えています。

ここまで、４つのＳＮＳの特徴を見てきました。最後に、年代別の利用者の傾向をデータで押さえておきましょう。インスタグラムは、20代、30代の女性の利用者が比較的多く、フェイスブックは40代以上を取り込んでいるのが特徴。ツイッターの利用者は、年齢、性別とも幅広い、といった傾向が見えてくると思います。

ほかに今、人気があるＳＮＳとしては、「TikTok（ティックトック）」と「Pinterest（ピンタレスト）」があります。

15秒の短い動画がアップできるTikTokは、インスタグラムと同様、「#（ハッシュタグ）」で、情報が拡散されます。「広く浅い」のもインスタグラムと似ていて、機能は「興味」を引くのと「シェア＝拡散」が中心。利用者は男女を問わず10代、20代中心です。

Pinterestは画像がメイン。利用者は女性が多く、20代、30代中心。インスタグラムと比べると、インテリアや生活雑貨など実用的でコレクション性の高い画像が多いのが特徴。その分、情報の広がり方は狭く深く、検索されることも多いです。

これからも、さまざまな新しいSNSが登場することでしょう。

そんな中で**大事なのは、目先のことに惑わされずに、しっかりした判断軸を持つこと**だと思います。AISASというフレームワーク、そして、広く浅いのか、狭く深いのか。利用者の属性をデータで見るとどうなのか。こんな判断軸から、本質的な特徴をつかみ、自社に役立つ形でフル活用していただきたいと思います。

さて、私は仕事柄、いろいろなSNSを利用してきましたが、本気でビジネスをし

主なSNSの特徴

インスタグラム

- 拡散度高い
- ハッシュタグ検索により不特定多数に見てもらえるチャンス
- 写真にこだわる必要がある
- 広く浅く認知
- 感度の高い人に訴求しやすい

ツイッター

- 拡散度高い
- 不特定多数に見てもらえるチャンス
- 頻繁に投稿する必要がある
- 広く浅く認知
- ユーザー数が多い
- お客様とのコミュニケーション取りやすい

LINE＠

- 拡散はしない
- 確実に情報を届けられる。
- ファン化しやすい。
- 質問対応などにより、集客に結び付きやすい

Facebook

- じわじわ拡散
- 共通の知人を通して、認知が広がる
- 信頼して読み込んでもらえるため、ファン化しやすい
- 特定のマーケットに深く認知
- 30代以上の向上心が高いユーザーが多い

ている忙しい人が、個人として、そのすべてをやるのは現実的ではないと思います。経営者など**忙しいビジネスパーソンが、個人的にSNSをやるならば、「フェイスブックだけでいい」**というのが、私の結論です。【Lesson5】で、じっくりお伝えします。

Lesson3 Answer

冒頭の問題の答え・私の考える正解は……

Ⓑ 上司が投稿内容を事前にチェックする

解　説

SNSの魅力は「人対人」のコミュニケーション。企業アカウントでも、担当者個人のキャラクターを生かすのが◯。トラブル回避は、事前チェック以外の方法で。

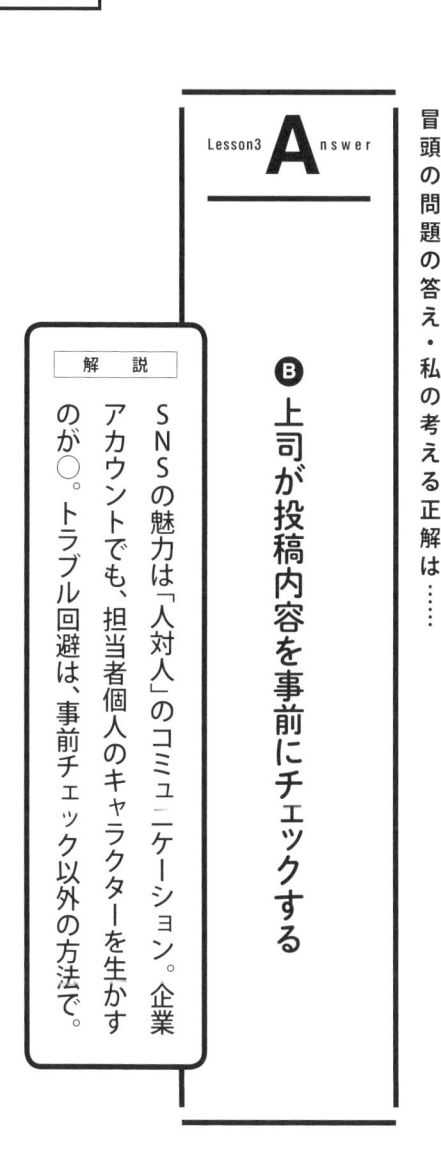

SNS種類別ユーザー数&年齢層

Twitterの性・年齢別ユーザー数(国内)

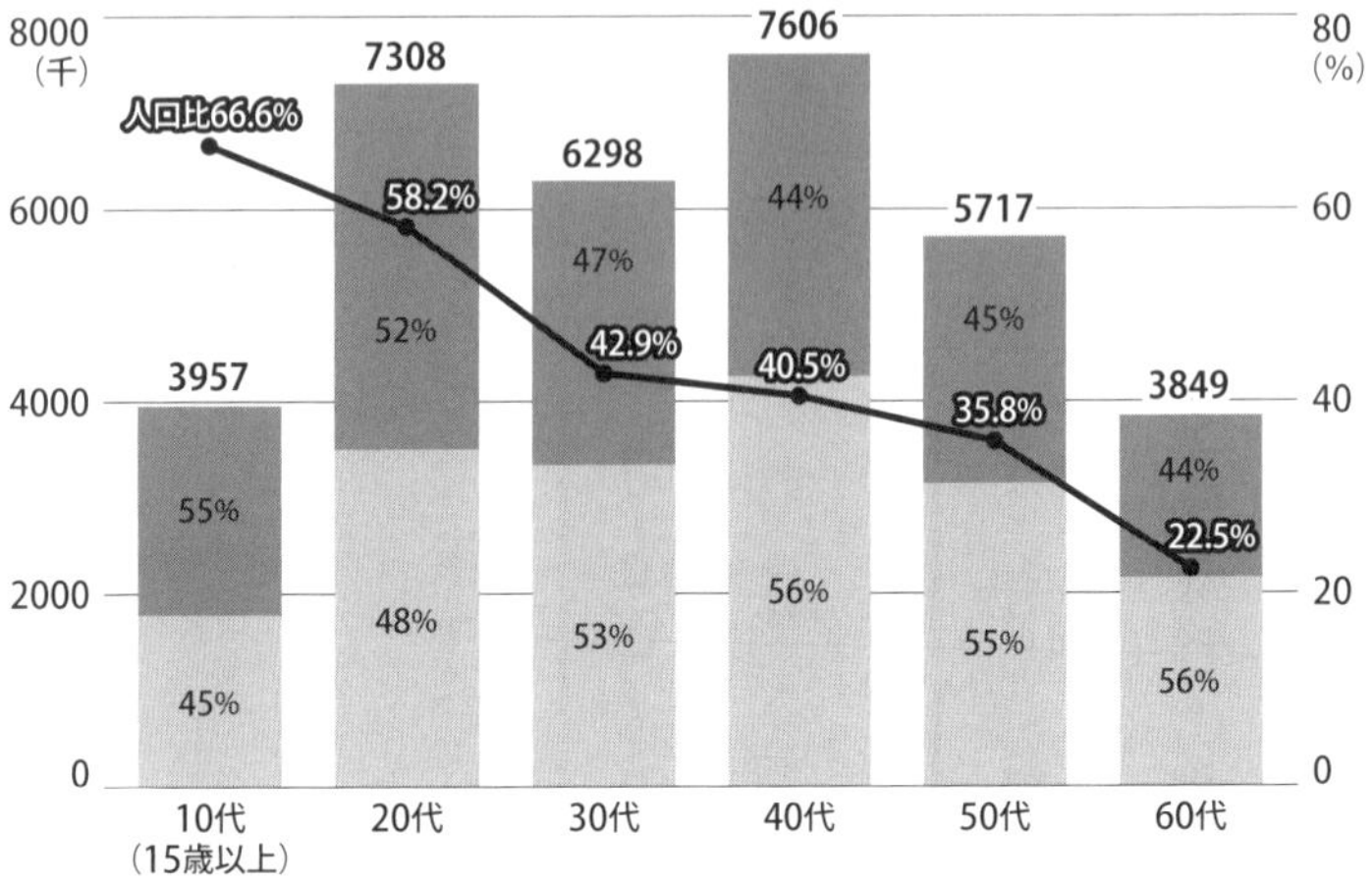

Facebookの性・年齢別ユーザー数(国内)

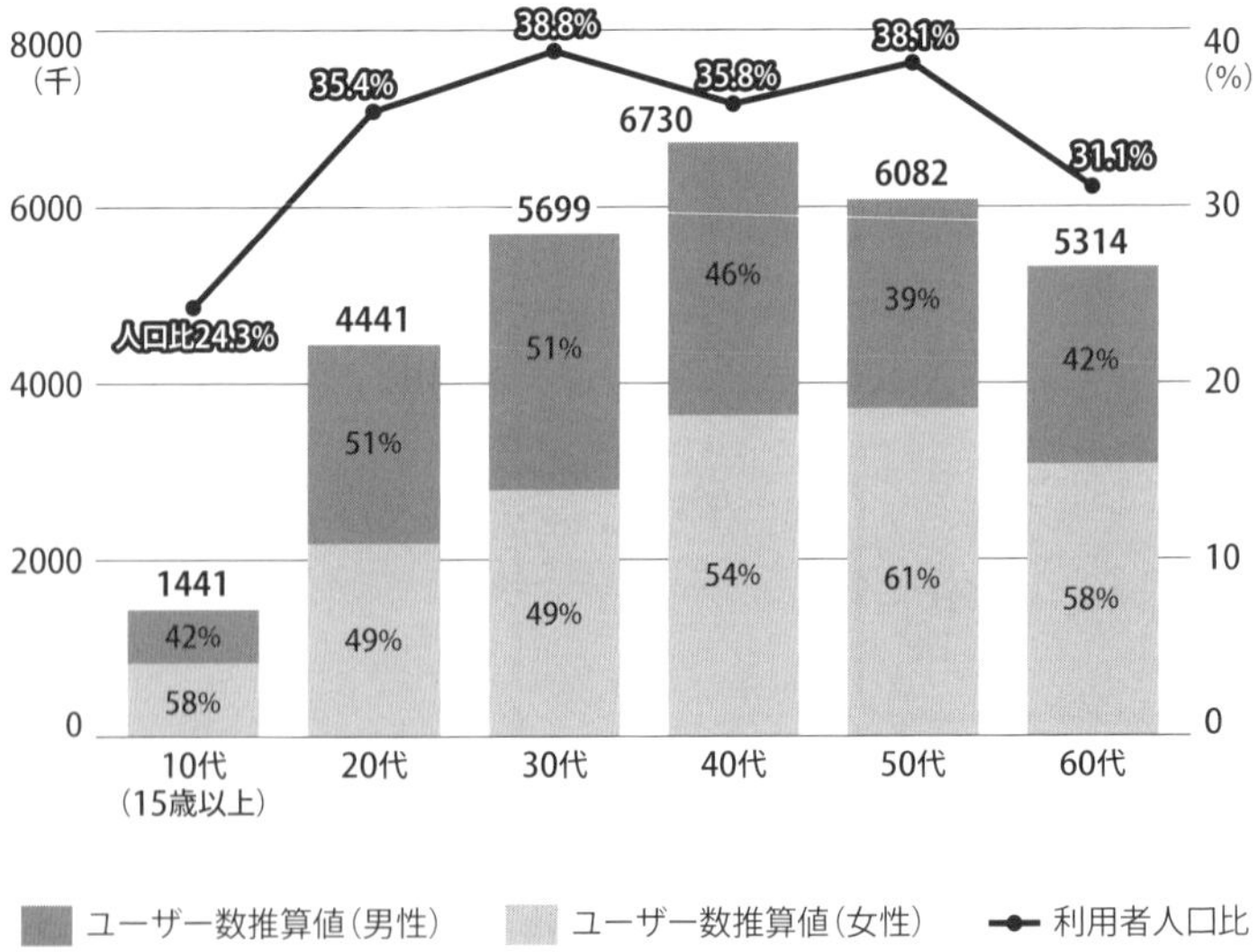

Instagramの性・年齢別ユーザー数（国内）

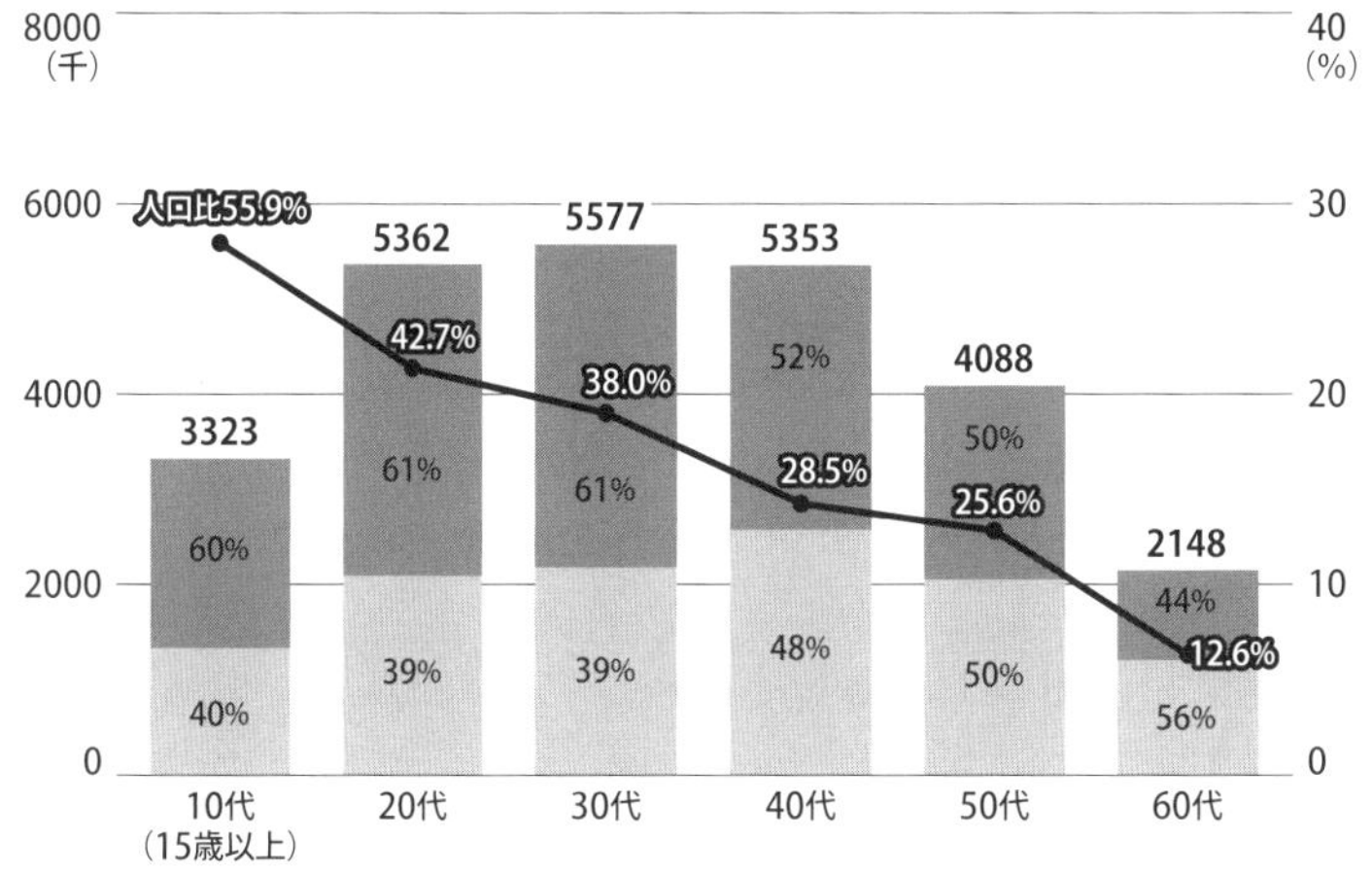

LINEの性・年齢別ユーザー数（国内）

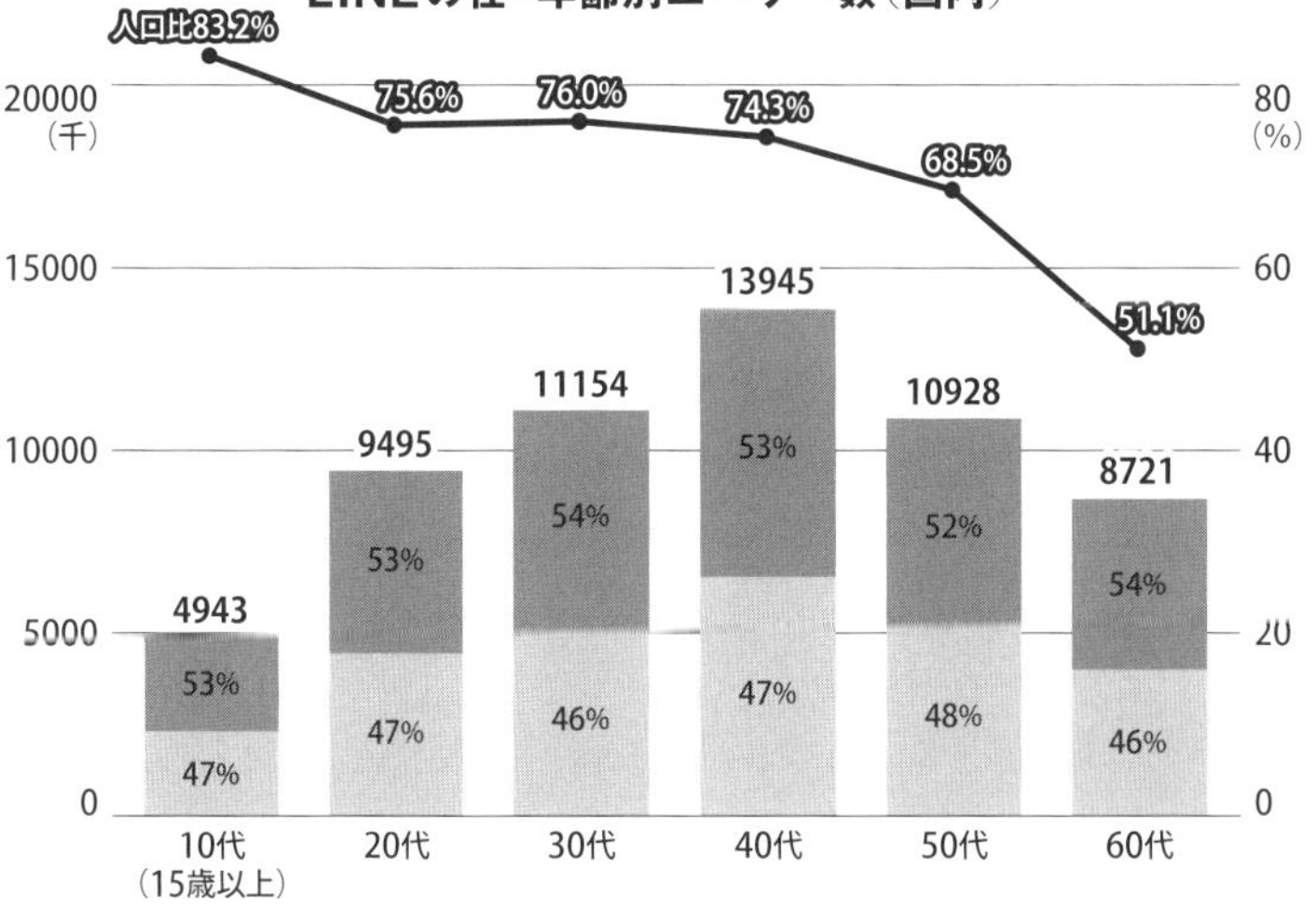

出所：ガイアックス「主要SNSユーザー数データ2019年2月版」

【Lesson4】どう伝える?

反響が反響を呼ぶ「段階的プロモーション」を目指そう

Lesson4 Question

小さな会社の新商品のプロモーション。
どのように始めるのが効果的？

A 思い切って新聞広告やテレビCMを打つ

B 一部の販売店に絞ってテスト販売する

C メルマガ会員に絞って先行販売する

↓
私の考える正解は……このレッスンの最初＆最後に

売上にコミットしてこそＰＲ

ＰＲは漠然としたイメージ戦略ではありません。

ＰＲは売上拡大にきちっとコミットできる仕事、というのが、私の考えです。

でも、本当かな、と疑う人も少なくないでしょう。

そもそもＰＲで、ものが売れるのか。そんな疑問に答えるため、どのような流れで売れるのかを、具体的にお伝えします。


そこで最初のクイズです。あなたの会社が満を持して開発した新商品を発売します。最初に実施するプロモーションは、どれが効果的だと思いますか?

異論はあるでしょうが、私が考える正解はC。「メルマガ会員に絞って先行販売する」です。メルマガ会員に絞って早期予約を受け付ける、なんていうのもいいと思います。

今の時代にメルマガなんて、ちょっと遅れているのでは? そんな印象を持っている方もいるかもしれませんが、そんなことはありません。メルマガには、どんなＳＮＳでも、なかなか代替できない機能があるのです。そして、メルマガでものが売れる構図が分かれば、ＳＮＳが売上を伸ばすのにどう貢献しているのかが、よく分かるはずです。さらに、ＳＮＳの勢いがこれからますます強くなることも分かるでしょう。

メルマガ会員というのは、あなたの会社とすでに取引をしたことがある人、ないしは、あなたの会社の商品やサービスに興味を持って問い合わせをしたことのある人、です。ファンになっている人もいるはずです。

メルマガは、そういう人たちに絞って情報発信できるので、反応がビビッドなのです。私自身も、独立開業してからメルマガを始めて、６０００人以上の読者の方がいます。ここに情報を流すと、確実に１割以上の方は、何かしら反応してくれます。例えば、セミナーの告知をすれば、実際に予約を入れたり、ＳＮＳで紹介してくれたりといったレスポンスが１割以上あるのです。だから「こういうセミナーをメルマガでご案内すれば、何人くらいの申し込みがあるな」という数字が、かなりの確度で予想できます。ほかのツールでは、なかなかこうはいきません。

「段階的プロモーション」の波を起こす

それにしても、新聞広告よりも、テスト販売よりも、メルマガ読者への先行販売を優先させるのはなぜ、と思われるかもしれません。

それは、販促を一過性のものにしたくないからです。反響が反響を呼ぶ「段階的プロモーション」に発展させたいからです。

私がＰＲをお手伝いした中小製造業の事例でご説明しましょう。

その企業が作っていたのは、家庭向けの調理器具で、販促のためにレシピ本を出版しました。その情報を自社のメルマガ会員10万人に告知すると、１万人が買ってくれました。レシピ本が１万部売れればベストセラーです。ＳＮＳでも話題になりましたし、一般読者の関心が自然に高まり、調理器具の販促としても成功しました。

中小企業でも数万人、十数万人のメルマガ読者を持つところは結構あります。過去に一度でも商品を買ってくれた人や、資料請求や問い合わせをした人のメールアドレスを登録していけば、意外にそのくらいの数になるものです。

そのメルマガ読者へのご案内で、ある程度の売上がつくれれば、それはもう「実績」です。クチコミの評判も拾えば、立派なPRの材料になり、さらに売上を伸ばす材料になります。

そこで、段階的プロモーションです。その考え方と段取りをお伝えします。

まず、あなたの会社の顧客を3段階くらいに分けます。分ける基準はあなたの会社との心理的な距離、関心の深さです。

最も近くにいるのは、「VIP顧客」です。すでにあなたの会社の商品を買ったことのある既存顧客、ないしリピート客です。

その次に「リスト顧客」。あなたの会社の商品を購入するには至っていないものの、メールアドレスがリストにある人たち。資料請求などでメルマガ読者になっている人たちです。VIPほどではないにせよ、何かしら、あなたの会社に興味を持っている人たちです。

そして、その外側、一番遠いところに「一般顧客」がいます。どうやってここまで情報を届ければいいかは、迷うところ。広告を打てばいいのか、チラシをまくのがいいか、それとも……。

でも、ここでの正解は、いきなりアプローチしないことです。

自分たちを取り巻くコミュニティーの最も内側にＶＩＰ顧客がいて、次にリスト顧客、一番外側に一般のお客様、という図式を意識すると、効果的なコミュニケーションが見えてきます。

ＶＩＰ顧客やリスト顧客は、あなたが発信した情報に確実に反応してくれる方たちです。

ＶＩＰ顧客との間にはすでに信頼関係があり、一部はファンになっています。リスト顧客は潜在顧客であり、立派な顧客になりかけていると考えていいでしょう。

それに対して一般顧客は、もちろんファンではありませんし、そもそもあなたの会社の名前を知らない可能性も高いでしょう。その方たちに自社の情報を見ていただくには、単に「これを発売します」だけではなく、目を引き付ける何かを打ち出すことが必須に

「段階的プロモーション」の考え方

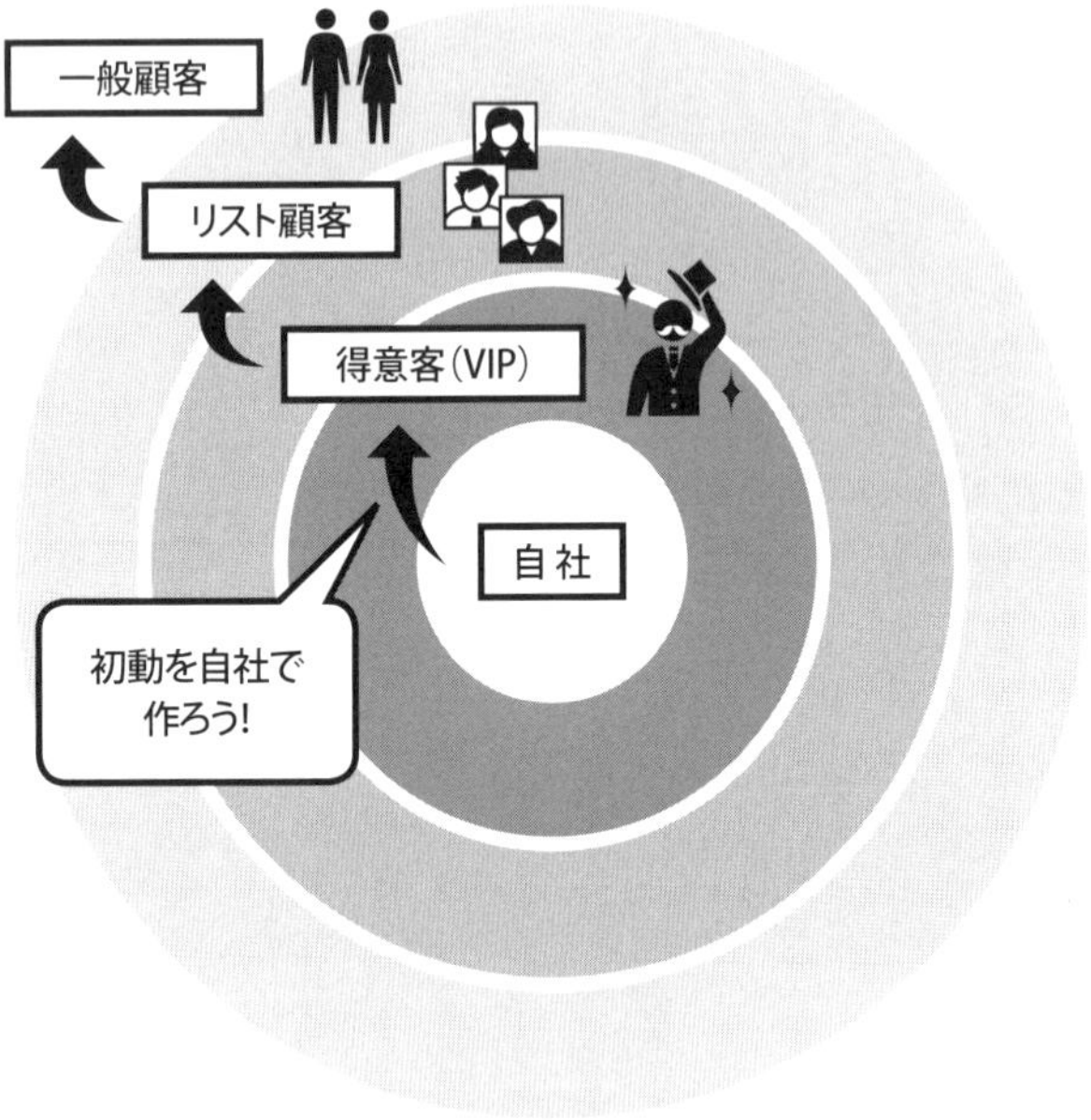

1	**自社にとっての得意客(VIP)は? 連絡方法は?** 例)会員カードの所有者/メルマガ配信のほか、自宅にDM郵送
2	**自社にとってのリスト顧客は? 連絡方法は?** 例)メルマガ会員/メルマガ配信
3	**一般顧客との接点は どこにあるか?** 例)店頭、Facebookのフォロー、ブログやホームページの閲覧

なります。一般顧客の目を引き付けるのは何かといえば、実績です。

ですから、まずはＶＩＰ顧客とリスト顧客に特別にご案内する。そこで手堅く売上をつくった後で、「発売３日で、これだけ売れました」「こんな声が届いています!」といった実績を武器に、一般顧客にアプローチする。そんな順序になってきます。

セミナーならば、ＶＩＰ顧客とリスト顧客で定員の９割を埋めたところで、「残席わずかです!」とうたって、一般顧客にツイッターでご案内する、といった具合です。「満席御礼で、増席しました!」なんていうのもアリだと思います。

一般顧客へのアプローチというと、昔は広告やチラシが中心で、今も侮れない存在です。ただ、小さな会社が広告を打ったり、チラシをまいたりしても、ほとんど効果がないということはよくあります。コストがかかるので結構、手痛いです。でも大企業と比べれば、かけられるお金も少なければ、ノウハウもないですから、仕方ないですよね。けれど、すでに「売れている」「支持されている」という実績があれば違います。その実績を広告でうたえれば説得力が増します。ＰＲをしてから広告、という順序にすれば、広告の効果もぐっと上がります。

しかも今の時代は、広告を使わなくても、ＳＮＳで一般顧客に実績をアピールできます。ツイッターで実績を拡散することもできますし、ファンが育てば、何もしなくても勝手に拡散してもらえます。

つまり、コアなファンの支持を確実に固めれば、一般の人にも自然に売れていくのがＳＮＳ時代。ＳＮＳで売上が伸びるというのは、こういう図式です。

最近では、メルマガと同じ役割を果たせるＳＮＳも出てきました。ＬＩＮＥ＠です。ＬＩＮＥは、メールと似ていて、個人と個人のプライベートなメッセージのやりとりに使われるので、そこで企業がフレンドリーなコミュニケーションをとれるＬＩＮＥ＠は、メルマガの代わりになります。

既存顧客をファンに育てるツールとしては、ほかにもフェイスブックページやオンラインサロンなどがあります。これからも新しいものが出てくると思いますので、本質的な機能に着目して、チェックしておきたいですね。

実際には、どんな商品、サービスでも大抵、売上の８割くらいは、ＶＩＰ顧客とリスト顧客の人たちが買ってくれるものです。外側にいる一般顧客が買ってくれるのは2割くらいです。いかにVIP顧客とリスト顧客が大切なのかが分かります。

とはいえ、絶対的な人数が多く、これから伸びる余地が大きいのは、一般顧客です。

だから、今は2割しかいない一般顧客を、リスト顧客、VIP顧客に育て、さらに新たな一般顧客をどんどん取り込んでいくことが、ビジネスの成長には不可欠です。


これまでの話を、別の観点から見てみましょう。

今の消費者は実績を重視します。

だから、新商品、新サービスは「初動=発売直後の売れ行き」が大事です。「最初の実績」と呼べる初動は、その後を大きく左右します。

初動を良くするには、商品やサービスの質の高さが不可欠です。

ただし、その前提をクリアすれば、自社の力である程度の初動は作れます。

そこで武器になるのが、顧客リストとメルマガのようなコミュニケーションのツール、というわけです。

ただ、実際には、顧客リストを持ち、メルマガを配信していても、うまく活用できていない会社は多いです。

理由は大抵、コミュニケーションの内容にあって、メルマガのコンテンツが、宣伝ばかりになっているのです。

「何月何日に新製品が発売です。買ってください！」

「私たち、この賞、受賞しました。すごいでしょ！」

「何月何日にテレビに出ます。見てね！」

みたいな感じです。一方通行のお知らせですね。それが、読者の役に立つかといったら、立ちません。

メルマガは、ギブの精神でやることです。押しつけの情報でなく、惹きつける情報を詰め込みましょう。

メルマガは「ギブ、ギブ、ギブ、ギブ！→お知らせ」

惹きつける情報には、２つあります。

「押しつける情報」でなく「惹きつける情報」を

＼ 記憶に残る! ／

惹きつける情報提供

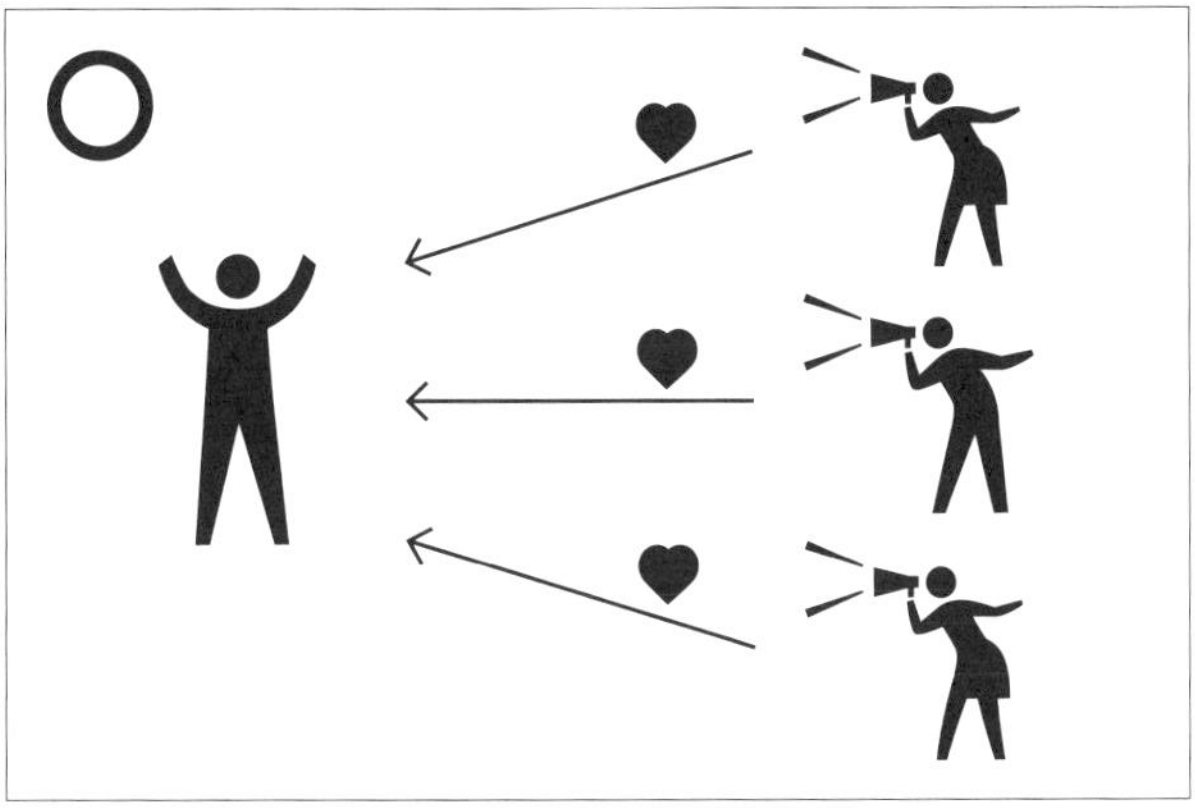

押しつける情報提供

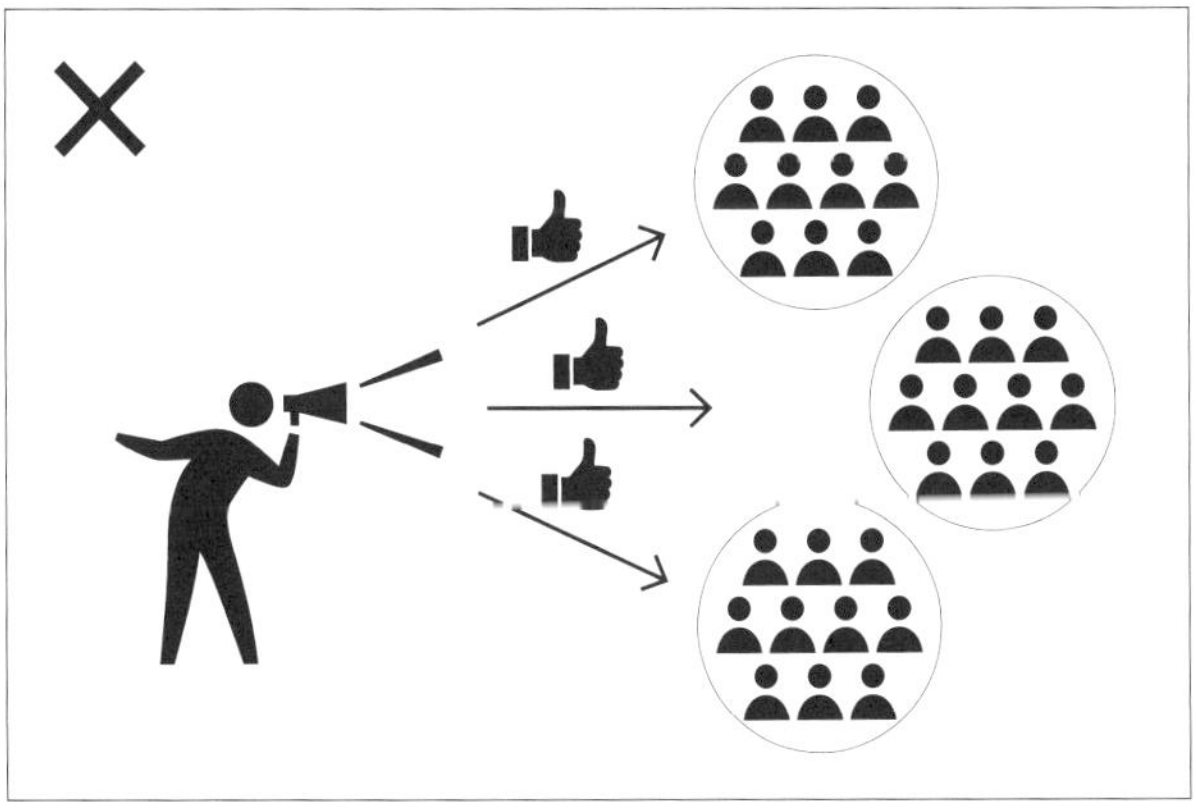

第1に、お役立ち情報。マットレスの会社なら、熟睡するコツだとか、お鍋の会社ならば、調理のコツだとか。自社の商品を持っていなくても、自社の商品に興味のある人にとって役に立って、面白い情報です。

第2に、感情のシェア。例えば、会社の創立記念日に、「この1年、実は、こんな苦労がありましたが、お客様のおかげで乗り越えられました。ありがとうございます」といった、ちょっと親近感が湧くような情報。読んでいる人が「自分は、この会社にとって特別な存在なのだ」と感じられるような情報です。

感覚的には、こういう惹きつける情報を、ギブ、ギブ、ギブ、ギブ！と4回くらい送ったら、1回くらいはお知らせをしてもいい、といったバランスです。

例えば、1本のメルマガの中で、冒頭で、「感情のシェア」を軽く入れた後、「お役立ち情報」をたっぷり入れて、最後に「お知らせ」をさらりと入れる。こうして、トータルで1対3対1のバランスに仕上げるといったイメージです。

メルマガを送る頻度としては、毎日は多すぎる気がします。けれど1カ月に1、2回だと存在を忘られてしまいそう。週に1、2回が調度いいと思います。

2、3年前までは週1回では多すぎると考えていましたが、情報の流れは加速する一方で、少し頻度を上げないと忘れられてしまいます。

そのあたりの感覚は、アンテナを研ぎ澄ませて更新します。目標は、読者の生活習慣に入りこむこと。ファンが楽しみに待てるようなリズムとコンテンツを大事にしたいですね。

もう1つ、メルマガで重要なのは、リストを育てることです。100人の濃いコミュニティーがあるのはいいことですが、それが1000人、1万人になれば、コミュニティーの力が増します。しかも顧客リストは、放っておけば劣化していきます。一般顧客から新規顧客を取り込み、ファン

リストの育て方

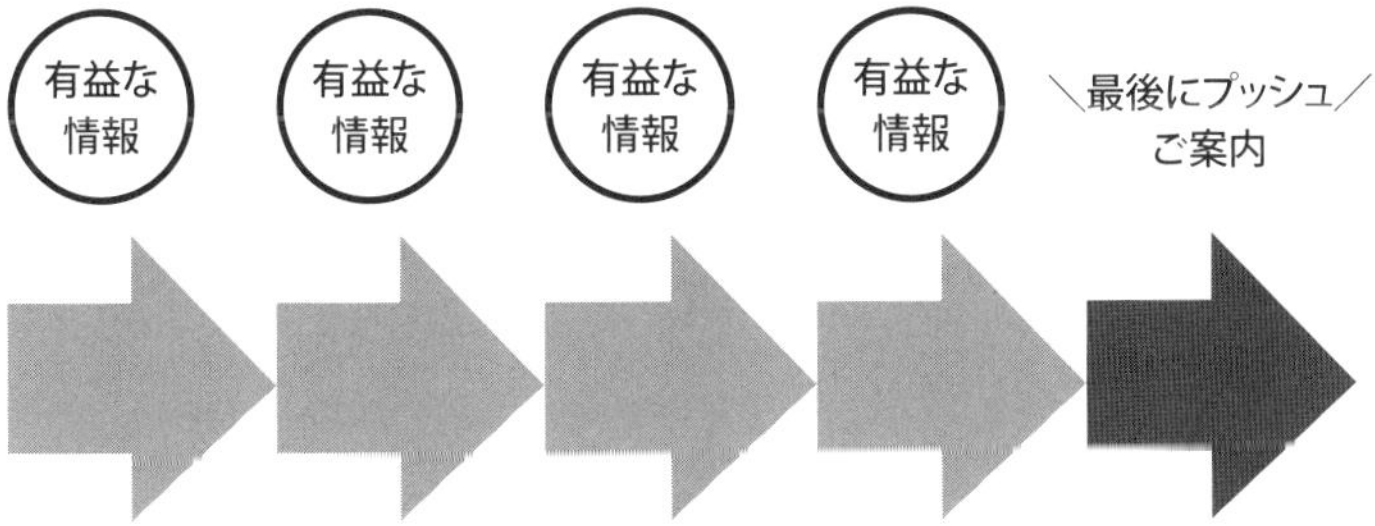

リストのファン度を高めることが優先

に育てる活動を、常に継続していくことが欠かせません。

そこで、何をするのかというと、メルマガへの入り口をたくさん用意してください。「こちらでこういうお役立ち情報、濃い情報が無料で受け取れます。ぜひ登録してくださいね」と、例えば、店頭でご案内する。また、フェイスブックやツイッターへの投稿の最後に、登録案内を入れる。チラシにも入れる。そうやって一般顧客との接点の一つひとつに、メルマガの案内を置いていきましょう。

人気ユーチューバーのＨＩＫＡＫＩＮ（ヒカキン）さんは、今でも動画の最後に「チャンネル登録してね～」としつこく呼びかけます。ここのお誘いは、それくらい大事。少ししつこいくらいでいいと思います。

冒頭の問題の答え・私の考える正解は……

Lesson4 Answer

Ⓒメルマガ会員に絞って先行販売する

解説

知名度の低い会社がいきなり広告を打っても、反応は薄いもの。まずは自社を知っているメルマガ会員にご案内して「売れた実績」をつくるのがお勧めです。

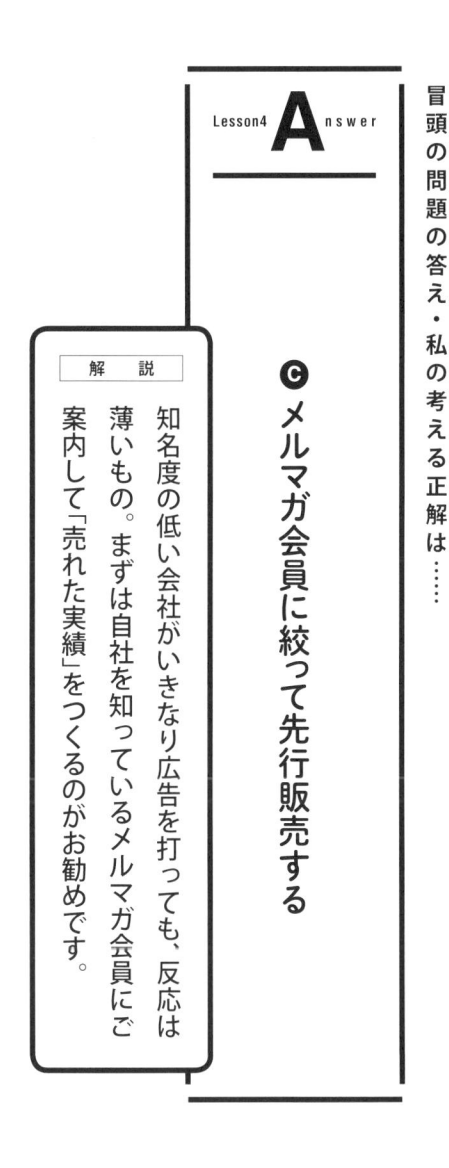

【Lesson5】FB実践論

忙しい人のSNSは
「FBだけ」でいい

ココは深堀り、4つの技

ここまでの【Lesson2】から【Lesson4】では、SNS時代のPRの基本セオリーと、基本テクニックをお伝えしました。

この後、【Lesson5】からは応用編。私が、特に重要だと考える4つのPRテクニックを、詳しくお伝えします。その4つとは……

【Lesson5】フェイスブック（FB）
【Lesson6】メディアPR
【Lesson7】パワーポイントで自作する会社紹介（自己紹介資料）
【Lesson8】インフルエンサーマーケティング（既存顧客のファン化）

です。

まず、フェイスブック（FB）。すでに【Lesson3】で、さまざまなSNSの特徴と活用法を紹介しました。その中でも私が重要だと思うのが、フェイスブック。特に経営者をはじめ忙しいビジネスパーソンが、1日数十分でもやる価値のあるSNSです。それがなぜかを説明し、投稿のコツを詳しくお伝えします。

メディアPRは、テレビや新聞、雑誌などで取り上げてもらうためのテクニックと考え方。昔ながらの手法と思われるかもしれませんが、SNSと組み合わせることで、認知拡大、売上拡大への波及効果はより爆発的で、なおかつ息の長いものになります。

この「SNS×メディアPR」が、私が最も実績を残せた、自分史上最強のPR手法、となります。そして【Lesson7】でご紹介する会社紹介資料は、SNSのインフルエンサー向けでもメディア向けでも、PR活動のベースとなるもの。私にとって、PRにおける最強のプレゼン資料の作り方です。

そして最後に、話題のインフルエンサーマーケティングについて。毀誉褒貶のある手法ですが、「既存顧客のファン化」という本質を捉えれば、どんな手法が正しくて、何が間違っているのかが、見えてくるように思います。

Lesson5 Question

フェイスブック（FB）への投稿、重視すべきことは？

Ⓐ 内容が偏らないように、バランスを意識

Ⓑ とにかく「いいね！」を多くもらえるようにする

Ⓒ とにかく「実績」を強くアピールする

↓私の考える正解は……このレッスンの最後に

なぜ「フェイスブック一択」でいいのか

SNSにはたくさんの種類がありますが、**忙しいビジネスパーソン、特に経営者が、個人的にSNSをやるならフェイスブック（FB）だけでいい**、というのが私の考えです。

理由はいくつかありますが、まず、利用者の属性です。

フェイスブックは、**経営者や仕事に対する意識が高いビジネスパーソンが多く利用**しているSNSです。なので、個人的な投稿であっても、仕事につながりやすい特徴があります。

それには理由があって、**1つの投稿にボリュームを出せる**のです。ツイッターのように140文字に制限されたり、インスタグラムのように写真1枚のインパクトに左右されたりすることがありません。複数の写真に、長めの文章を付けて、**濃い情報を届けられる**のが強みです。

だから、自分の仕事の内容や、そこに込めた思いを発信しやすい。

逆に、投稿を見ている側にとっても、**ビジネスパートナーを見つけやすいSNS**です。興味を持った人の投稿を遡れば、これまでにどういう仕事をしているのかを知ることができるので、仕事の相談で声をかけたり、発注したりするハードルが下がります。

また、フェイスブックというのは、ご存じの通り、友達申請を通して、直接の知り合いから、知り合いの知り合いをたどるようにつながっていくSNSです。

だから、自分と趣味や感性が似た人、自分と同じような業界や業種で働く人、あるいは、自分と同じ経営者やマネージャーの立場にいる人など、**自分と似た属性の人たちとどんどんつながり、コネクションが増えていく**。その結果、フェイスブックでつながった人と仕事のパートナーになっているという人が、起業家や経営者にはすごく多いのです。

経営者の個人フェイスブックは、採用にも役立つものです。

仕事を広げたいから、こういう人に新しく会社に入ってほしい。そういうときにフェイスブックで「私と一緒に働きませんか」と呼びかけると、もともと自分と価値観や感性が似た人が見ていますし、過去の投稿から自分の人柄やビジョンも分かってもらえていますから、**ピンポイントで自社に合った人材に出会いやすい**のです。私自身、独立して起業してから、フェイスブック経由でお仕事を一緒にしている方が多くいます。最初から価値観が合う人を互いに選んでいるので、何かと話が早く、スムーズに進みます。

さらに**フェイスブックは、ほかのSNSと比べて、投稿の負担が軽い**のです。これも忙しいビジネスパーソンに向く理由です。

ツイッターやインスタグラムなどは、愛好者の投稿頻度が高いので、1日に何十回も投稿しないと埋もれてしまいがちです。

けれど、フェイスブックならば、1日に1回も投稿すれば、それで十分。同じ興味でつながる人たちが、一つひとつの投稿を、比較的しっかりと読む傾向があります。仕事が忙しくても、朝の出勤前後や昼休みなどに10分か20分でも、今日の出来事や今考えていることを投稿する時間に当てていただければ、有益な人脈につながる情報発信ができます。

新しいSNSが次々に登場する今、「フェイスブックなんて、古臭いのでは？」と思われる方もいるかもしれません。しかし、ビジネスで役立つ関係をつくるという意味では、今もフェイスブックを圧倒できるようなSNSは、ほかになかなかないというのが、私の実感です。

「公式アカウント」は大胆に任せる

フェイスブックには、2種類あります。

「個人アカウント」と「フェイスブックページ」です。

個人アカウントは、その名の通り、個人として情報発信するフェイスブックで、フェイスブックといえば普通、こちらをイメージされる方が多いでしょう（137ページ）。

一方、フェイスブックページは、企業や組織が運営するフェイスブックです。いわば公式アカウントですね（左ページ）。

フェイスブックページに限らず、ツイッターやインスタグラムでも、会社の公式アカウントの運営は、経営者が自らやるというよりは、若い担当者に任せることが多いでし

【会社公式】フェイスブックページの例（致知出版社）

ょう。

その場合は、【Lesson3】でもお伝えした通り、あまり上司がうるさいことを言わず、思い切って現場の感性に任せるのが成功のコツです。ただし、大前提として、ミッションの共有が不可欠であることは、あらためて強調したいと思います。

SNSとは「次につなげる」ものである

そういった公式アカウントとは別に、経営者などが個人的にSNSで情報発信することも意味があります。そして、その場合の私のお薦めはフェイスブック、となります。

結果としてフェイスブックを選ぶにせよ、ほかのSNSにするにせよ、**仕事で忙しい人がわざわざ時間を使って投稿する以上、目的意識を持つ**ことが大切です。

自社商品のファンを増やす、採用に役立てる、自分個人のブランドを確立する。いろんな目的があると思いますが、どんな目的でやるにしても、意識していただきたいのは「**次につなげる**」ことです。

【個人アカウント】のフェイスブック例（笹木郁乃）

例えば、自社のファンを増やしたいなら、フェイスブックで興味を持った人が、すぐに自社の世界観に触れられるように、イベント案内のURLを末尾に入れる。あるいは新商品の情報が届く、メルマガ登録のご案内をするといった具合です。ダイレクトにやりすぎると嫌われるので、さじ加減は必要ですが、意識しておくのとしないのとでは、効果に差が出ることは間違いありません。

【Lesson3】で、「AISAS」モデルに沿ってお伝えした通り、フェイスブックが得意とするのは、主に、読み手の注目(Attention)と、興味(Interest)を引き、情報をシェア(Share)してもらうこと。

逆にいうと、興味を持ってくれた人がその後、検索(Search)してより深い情報を得たり、商品やサービスを購入(Action)したりするには、受け皿が必要です。

ですから、**投稿するときには、読み手の「その先」に対する期待をイメージする**といいと思います。

「この投稿に興味を持ってくれた人がいたら、ぜひうちの商品も見てほしいな」

SNSの役割とは？

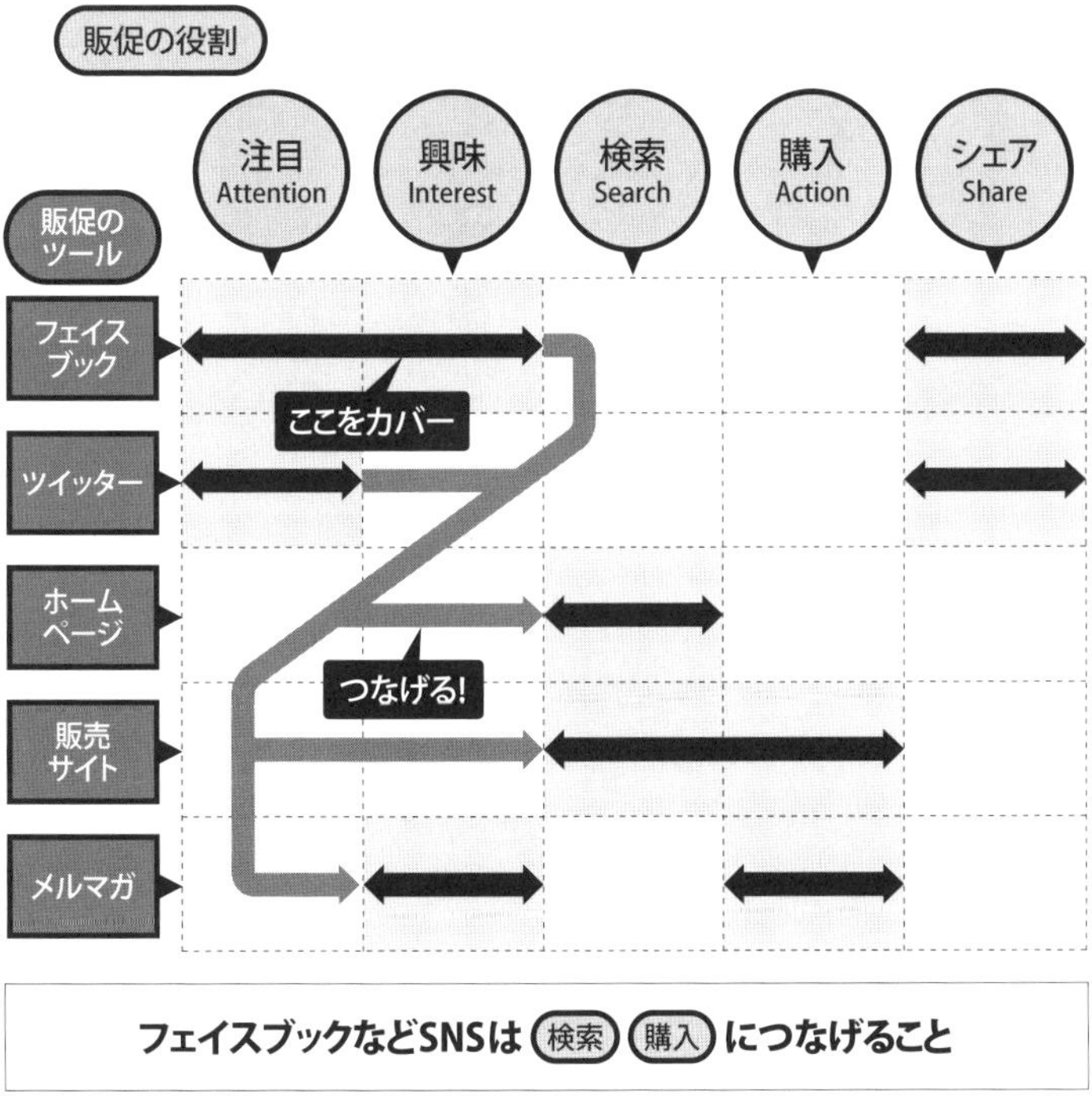
販促の役割
注目
Attention
興味
Interest
検索
Search
購入
Action
シェア
Share
販促のツール
フェイスブック
ツイッター
ホームページ
販売サイト
メルマガ
ここをカバー
つなげる!
フェイスブックなどSNSは 検索 購入 につなげること

「私の意見に共感して、採用ページを訪問してくれるといいな」

「メルマガ登録して、イベントに来てくれるといいな」

そんな目的意識を持つと、自然と投稿が書きやすくなりますし、内容も首尾一貫して軸がぶれにくくなります。個人アカウントのSNSも、ビジョンをしっかり持って情報発信すること。これが成功の秘訣だと思います。

「いいね！」の数に惑わされてはいけない

では、どのようなフェイスブックの投稿が、読む人の興味を引いて共感を呼び、信頼につながり、仕事にも役立つのでしょうか。4種類あると思います。

（1）実績を伝える
（2）専門分野でのお役立ち情報を伝える
（3）多面性を伝える
（4）告知

「実績」というのは、私だったら、例えば「今期のPR塾、満員御礼です！』だとか、「女性向けウェブサイト『日経ARIA』に取材されました」といった投稿です。

「お客様に、こんなお褒めの言葉をいただきました！」なんていうのも、すごくいいです。その場合はぜひ、お客様と一緒に撮った記念写真も欲しいところ。お客様が尻込みされるようなら、お面を付けてもらったり、直筆メッセージを代わりにもらったりして、写真をアップするという方法もあります。

こうした実績の投稿は、実のところ「いいね！」は、あまり付きません。どうしても自慢のように取られやすいのですね。あらかじめ頭に入れておいてください。

なぜなら、**目先の「いいね！」の数に惑わされ、実績のアピールを疎かにしてほしくない**からです。見た人が「いいね！」を押さなくても、実績は記憶には残るものですし、その蓄積は、確実に信頼に育っていきます。SNS活用には、「目立つ覚悟」も必要です。

2番目の「お役立ち情報」は、読者へのギブの精神を発揮しながら、自分の専門性がさりげなく伝わるような投稿です。

例えば、マットレスメーカーの経営者ならば、熟睡のコツだとか、レストランのシェフなら、おいしいまかない料理のレシピだとか、私だったら、プレスリリースの書き方の小さなコツだとか、**「その道のプロ」だからこそ知っていて読者の役に立つ、質の高い情報**を披露しましょう。

3番目の「多面性」とは、父親や母親としての表情など、人間的な側面です。経営者として試行錯誤している一面なんていうのも、いいと思います。

あらゆるSNSに共通することですが、**「完璧でない自分」を見せることが共感を呼び、潜在的なファンを増やす**ことにつながります。SNSでは、「完璧なあなた」を求めている人など、誰もいません。専門的な知識を持つプロフェッショナルだからこそ、人間としては不完全で「共感できるあなた」が、求められているのです。

私も、夫や子供、プライベートのことをフェイスブックに投稿していますが、記念日に素敵なディナーを楽しんだ、といった、無難な内容だけでは、本当の私はなかなか伝わりません。夫婦共働きで幼い子供を育てながら、互いにストレスを抱えた時期もあったけれど、一緒に試行錯誤したから今の充実した日々がある。だから夫に感謝！といった具合に、苦労話も適度に混ぜながら、私のリアルなキャラクターを知ってもらう。

ファンを増やすSNSの黄金比

実績	お役立ち情報	多面性	告知
お客様からの褒め言葉や感想、メディアの取材を受けたこと、イベントの集客やにぎわい、など	その道のプロだからこそ知っている面白い情報やうんちく、仕事や生活に役立つ知識、など	父親や母親、家族の一員としての一面や、仕事で苦労しながら試行錯誤している一面、など	集客の後押しも狙って発信する情報。イベント開催や新商品、新サービスのお知らせ、など
3	3	3	1

3：3：3：1

ポイント

- 実績 には「いいね！」は付きにくいと、心得ておく。覚悟の上でアピールしよう
- お役立ち情報 は「ギブの精神」で。読者が喜ぶ質の高い情報を、惜しみなく出す
- 多面性 は「不完全な自分」を見せるのが大事。完璧でないから共感が得られる
- 告知 は、イベントや新商品のご案内。ここぞというときに絞って

そんな場として活用しています。

4番目の「告知」は、「新商品発売です！」「イベントします！」といった情報。メルマガの「ご案内」と同じで、集客を後押ししたい気持ちもあるプッシュ型の情報です。必要ではありますが、これだけだと読者が離れてしまいますよね。

実績とお役立ち情報、多面性、告知――フェイスブックの個人アカウントに投稿すべき内容を4つ、挙げました。

この4種類の情報を、あまり偏らないように、バランスよく混ぜるのが、フェイスブックのコツです。適度に自己アピールしながらもしつこくない、好感度の高いアカウントを目指しましょう。具体的には、**実績とお役立ち情報、多面性、告知の比率が、3対3対3対1**くらいが、ちょうどいいと思います。

宣伝ばかりになっては嫌われますが、ここぞというところは勇気を持ってしっかりアピール。**目立つ覚悟**も必要です。

公式アカウントにも「人間らしさ」を

企業の公式アカウントにあたるフェイスブックページも、投稿内容のバランスが大事です。

個人アカウントと同様、基本的には、実績とお役立ち情報を中心にするのがいいですが、お役立ち情報をより多く、実績は少し控えめにしましょう。

例えば、キッコーマンのフェイスブックページでは、「Ｗｃｂ担当うぇぶたん」さんが、自社商品の鍋つゆを使って、実際に鍋料理を作る投稿が大人気です。１回の投稿に５００個くらいの「いいね！」が付きます。

致知出版社という出版社さんでは、過去に取材してきた成功者の名言を投稿するシリーズが人気で、時には１０００以上の「いいね！」が付きます。

こうやって、実際に読む人に「役に立った」「読んでいてよかった」と思わせる、ギブの投稿があってこそ、実績のアピールも、イベントの告知も、好意的に受け入れられるのです。

特に、企業が実績をアピールするときは、個人がやるよりも、好感度が下がりやすいもの。だから、投稿そのものの内容も工夫したいところです。

例えば、日清食品さんが、カップヌードルミュージアムの来館者700万人突破を報告した2018年5月の投稿。カップヌードルの人気の具材「謎肉」で、「700万」の文字をつくって、写真をパシャリ。そこに、こんな文章を添えました。

今日から毎日先着700名の来館者に
カップヌードルの人気具材「謎肉」だけを
パッケージした「謎肉祭の素」を配布中！
期間は26日まで。

これには400を超える「いいね！」が付きました。

以上が、フェイスブックページでの「お役立ち情報」と「実績」について。

個人アカウントでは、もう1つ、重要な内容として「多面性」を挙げました。企業アカウントで、これに該当するのが「近況・活動報告」です。

例えば、大阪の遊園地「ひらかたパーク（通称ひらパー）」のフェイスブックページの２０１８年６月の投稿。

夏シーズン、始まりましたー（＊゜∀゜＊）
あれ 夏の ＃ひらパー の風物詩、なんだか涼しくなるヒマワリ🌻が増えている？！🌻🌻🌻🌻🌻
暑さに負けずに遊びまくりましょう٩(。・ω・。)و
＃夏
※プールは7／7（土）からのスタートです

地味な内容ですし、付いた「いいね！」は、２２０個ほど。ほかに、もっと多くの「いいね！」が付いている投稿もありますが、この投稿があることで、いつも読んでいるファンの間に、ほっこりとした親近感が湧きます。宣伝でもないし、役に立つ情報でもないけれど、投稿した担当者の人柄が見えて、バーチャルなＳＮＳの世界が、ぐっとリアルに感じられます。

企業のアカウントですから、担当者の家族のこと、恋人のことなど、完全なプライベートの投稿となるとさすがにやりすぎで、避けたほうがいいです。

とはいえ、どこか人間らしさを感じさせたいときにいいのが、「近況・活動報告」です。ひらパーのように、会社で咲いた花でもいいですし、商品開発の試行錯誤の一端を、現在進行形でお伝えするのもいいでしょう。親近感を感じさせる投稿が、７つのうち、１つくらいあるとバランスがいいと思います。

よく、企業のＳＮＳ担当者のことを「中の人」と言いますよね。この中の人の人間性がちょっとだけ見えるくらいがいい感じです。

「この会社、面白いな」だけじゃなくて、「この会社のフェイスブックページをやっている『中の人』って、面白いな」「どんな人かな？」と、読んでいる人が想像するくらいになると、会社そのもののファンも育っていきます。

こちらはツイッターの話ですが、中華レストランのバーミヤンのアカウントで、中の人がこんな投稿をしたのです。

＃一般人の方が時々誤解しておられること
×バーミヤン
○バーミヤン
何卒よろしくお願いします

あれ、何が違うの？
そう思いますよね。本当は、こう書こうとしていたのです。

×バーミアン
○バーミヤン

本当は「バーミヤン」なのに、「バーミアン」と誤解している人が多いよ、と、中の人は書こうとしたのですね。

ところが、うっかり書き間違えて、◯も×もどちらもバーミヤンになってしまった、というわけです。

このツイートを見た人たちは、「あれ、何が違うの？」と、しばらく悩んだ挙げ句、中の人が書き間違えたことに気づきます。

ここでリツイートが殺到。「もう…お茶目さんなんだから…とりあえずチャーハンください」「どんまいです（笑）」など、3万6000件以上に達しました。

これなどは、中の人のうっかりミスですが、逆に、皆さんがバーミヤンに親近感を持つことになった。ちょっと人間らしさが出たほうが好印象、というい い例ですね。

もちろん、時には中の人がうっかり不謹慎なことや、不快なことを書いてしまって、炎上するリスクもあります。

でも少しくらいの炎上なら、誠意をもってすぐに謝れば、時間が解決してくれます。上手に「ごめんなさい」が言えれば、逆にファンが増えることもあります。当たり障りのないつまらない投稿が続くよりも、最初は少し危なっかしくても、人間らしさが出ているほうが、長い目で見てファンづくりにつながります。

ただし、**意図して「バズる」のを狙いにいくのは感心できません**。あえて批判が集まりそうな刺激的な投稿で注目を集めようとする「炎上商法」には、私は賛成しません。そういうやり方は、何より誠実さに欠けます。**SNSは究極的には、本質が問われるコミュニケーションツール**です。一時的な利益を得るために、長期的な信頼を犠牲にするやり方は、ビジネスとしても賢い活用法ではないと思います。

友達申請はためらわなくていい

フェイスブックの友達申請、恥ずかしくてためらってしまうという方が、結構います。逆に、友達申請をされたとき、「この人はどうしよう」と悩んでしまう方も、結構います。

どちらも、もったいないことです。

フェイスブックでは、５０００人がお友達の上限です。

逆に言えば、５０００人まで友達の輪を広げることができるのです。

リアルな世界で５０００人の友達はなかなかつくれませんよね。けれどフェイスブックではそれが可能になる。ＳＮＳの素晴らしさです。

友達４８００人まではぜひ、どんどん増やしてください。ただし、５０００人の上限に達すると、それ以上は申請できなくなってしまうので、最後の２００人は、ぜひとも申請したい人が現れた場合のために枠をキープしておきましょう。

友達申請を「親しい人だけ、会ったことがある人だけ」などと制限していたら、いつまでたっても友達は増えません。フェイスブックは、友達に向けて情報を発信するツールです。友達が増えるということは、あなたが発信する情報を見てくれる人が増えること。だから、フェイスブックをしっかり活用したいと思うのならば、友達はどんどん増やすべきです。

逆に、友達申請されたときに「この人はどうしよう……」などと**悩んで時間がかかるくらいなら、承認**してしまいましょう。

フェイスブックの投稿にはコツがあり、配慮すべきポイントがあります。それは、親しい友達だけに絞ったとしても基本的に同じです。友達を増やしても、やるべきことはあまり変わりません。

では、誰に友達申請するか。

自分と興味や趣味、価値観が合いそうな人です。例えば、同じ業界で働く人や、自分がこれから勉強したい分野のエキスパートなど。

加えて、それらの人たちのタイムラインを見て、**よく「いいね！」をしている人に、注目**してください。

フェイスブックに登録はしているけれど、ほとんど投稿していない。ほかの人の投稿もあまり読んでいなくて、誰にも「いいね！」をしていない。そういった人と友達になっても、あまりコミュニケーションがとれません。

それよりも、「いいね！」をたくさん発信しているアクティブユーザーとつながったほうが、ＳＮＳでの活動が充実します。こういう人に積極的に友達申請しましょう。

でも、友達申請されたのに、スルーされたら、どうしよう……。

そう思う人もいますよね。確かに、会ったことのない人からの申請は受け付けないという人は現実にいます。心配になるのも当然です。

けれど、スルーされたからといって、何か損失はあるでしょうか。実は、ありません。スルーした相手は、友達申請したあなたのことを深くは覚えていません。数年後にたまたま知り合って、友達になる可能性だって十分にあります。

スルーされて気にしているのはほぼ自分一人。ならば気にしなくていいのではないでしょうか。

ちなみに私は、フェイスブックを始めた当初、あまりにたくさん友達申請をしすぎて、しばらくフェイスブックを利用できなくなったことがあります（しかも、複数回！）。けれど、それで今、何か困っているかといえば、何もありません。やりすぎたと反省はしていますが、いい勉強になったと前向きにとらえています。

SNSは日進月歩。挑戦する以上は、小さな失敗はドンマイです。ただし、基本姿勢としては誠実を心がける。そんなスタンスでいいのではないでしょうか。

冒頭の問題の答え・私の考える正解は……

Lesson5 Answer

Ⓐ 内容が偏らないように、バランスを意識

解説

仕事に生かすなら、実績やイベントなどの情報発信はマスト。けれど、それだけでは退屈。「実績：お役立ち情報：多面性：告知」が「3：3：3：1」になるように。

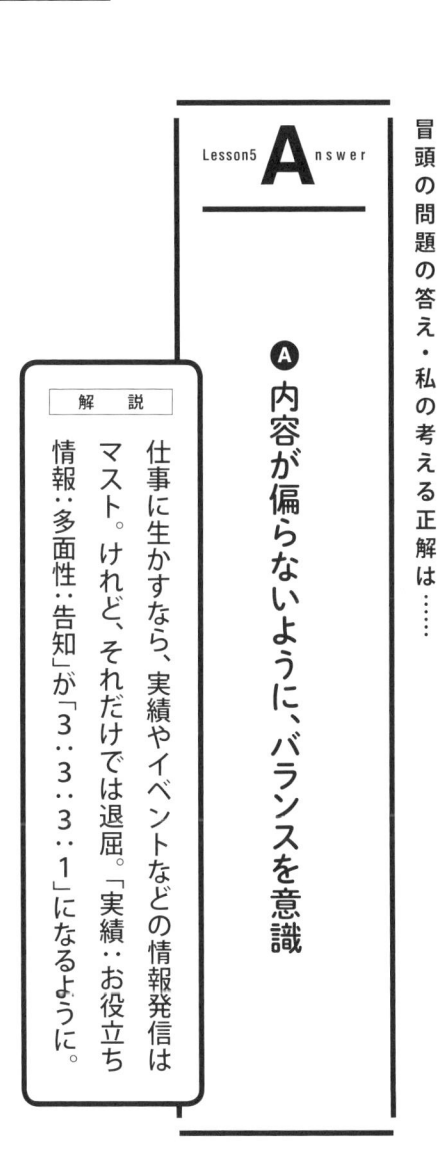

【Lesson6】メディア出演

もしも
テレビに出たいなら?
地道な努力が
意外に効く

Lesson6 Question

わが社をテレビや新聞、雑誌で取り上げてもらいたい。小さな会社でもできて、効果が高い方法は？

Ⓐ コネを持つ知人を探す

Ⓑ プレスリリースを書く

Ⓒ 愚直にいい商品やサービスを作り続ける

↓私の考える正解は……このレッスンの最後に

小さな会社もテレビに出ている。それはなぜ？

自社の商品やサービスを、テレビや新聞、雑誌に取り上げてもらえたらいいのに——。会社の仕事でPRを担当している人や経営者はもちろん、製造や営業の現場にいる社員だって、そう思うことはありますよね。

そのときに、小さな会社でもできることは何か、というのが、今回のクイズ。いきなりですが、答えを言っちゃいますね。

私が考える正解は、B。プレスリリースを書く、です。

メディアが取り上げるのは、大企業の情報ばかりではありません。中小企業のユニークな製品や取り組みのニュースも多く流れていますよね。

それらの大半は、プレスリリースをはじめとする、企業からの働きかけがきっかけとなっています。いわゆるメディアPRの成果、ということです。

クイズの選択肢のCのように、「いいものを作ってさえいれば、誰かが気づいてくれる」というのは、確かに正論です。しかし、情報過多のSNS時代には残念ながら、あまり現実的ではありません。

実のところ、**メディアの人たちも、発信する情報の100％を自分の足や人脈で稼いでいるわけではありません**。取材される側が何らかの形で提供した情報から、記者やプロデューサーが面白いものを選び、深掘りしたものが思いのほか多いものです。私がPRの仕事で、メディアの現場にいる人たちと接して知った事実です。

小さな会社の人やフリーランスで働く人にとって、テレビや新聞に取材してもらうなど、降って湧いた僥倖か、夢のような話に思えるかもしれません。けれど、実際のところ、自分からメディアで取り上げてもらえる手段というのは結構あって、地道な努力で実現可能なことなのです。

だからといって、選択肢のAのように**闇雲にコネや人脈に頼るのは考えものです**。

一口にメディアといってもさまざまな媒体があります。たまたま紹介された人が、自社

意外に効果が大きいプレスリリース

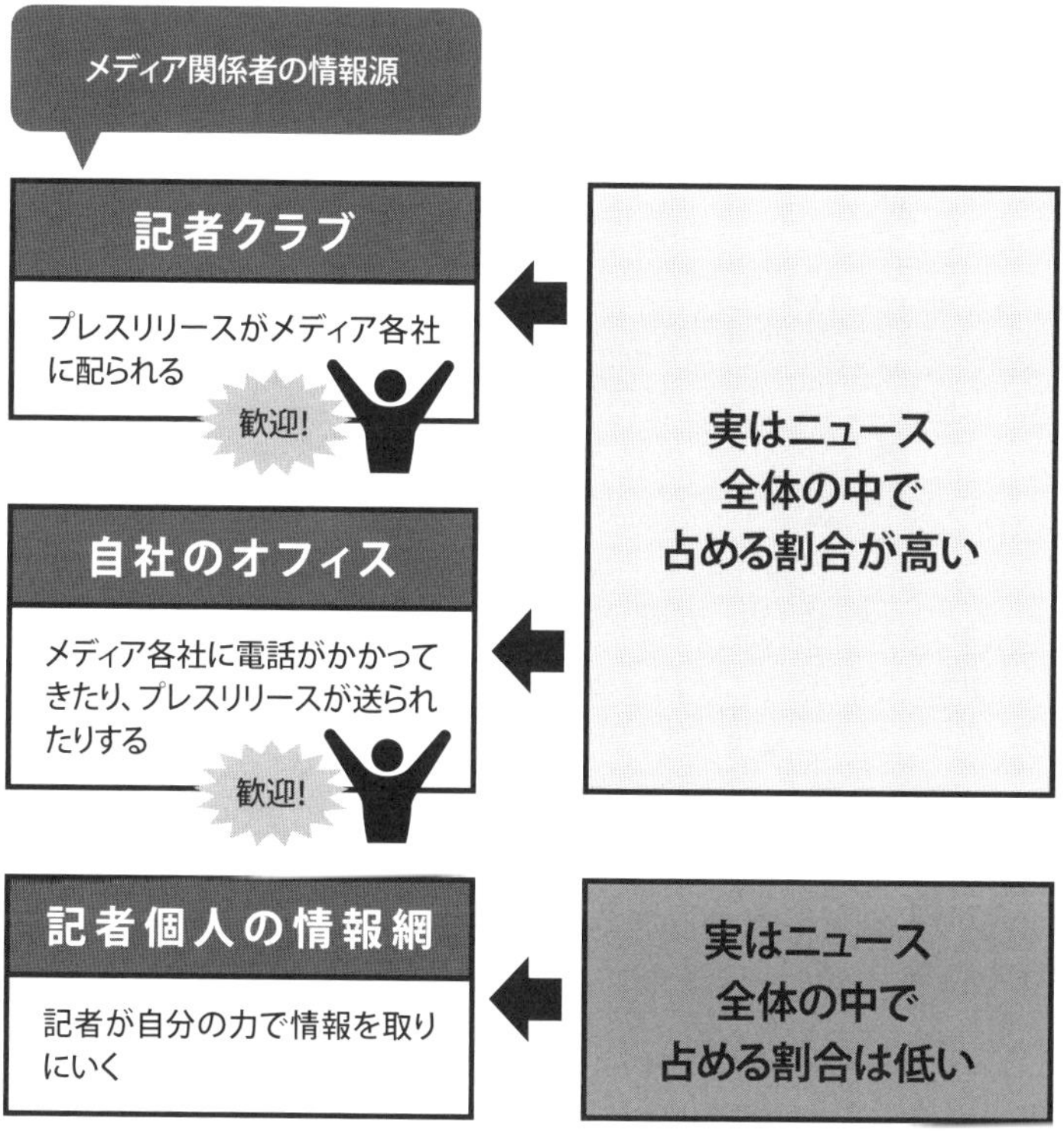

に合う媒体を担当していればいいですが、テレビ局や新聞社などは、いずれも大きな組織です。そうはいかない可能性のほうが高いですよね。

そこで注目したいのがプレスリリースです。

メディアの人たちは、意外にプレスリリースを読んでいます。自社の特徴をよく分析し、媒体を選んで送れば、成功率は確実に上げられます。詳細は後ほど。

女性役員の頑張りで、中小企業が全国放送ゲット！

ここで実例をいくつか。

2017年の夏に、ペット用仏具の販売などを手掛けるインラビングメモリー（東京・渋谷）という中小企業が、「『ペット専用 盆ちょうちん』販売開始」というプレスリリースを発信しました（164ページに、リリースを掲載）。当時はさいたま市に本社を置き、売上高3億5000万円という規模でした。

私のセミナーを受講した女性役員の方を中心にリリースを作って配ったところ、**まず地元の埼玉新聞**に取り上げられました。**さらにその記事が「Yahoo!ニュース」に転載**され、**テレビ朝日の番組でも**紹介。その反響で、**予約12カ月待ちの大ヒット商品に**なりました。

プレスリリースによるメディアPRは、個人で仕事をするフリーランスの方にも、強い味方になります。

私が知っている例では、２０１６年、自宅で小さな料理教室をしている方が、「野菜の切り方」のレッスンが好評なことに気づいて、プレスリリースで情報発信したところ、**「天然生活」という雑誌からオファーがあり、５ページの特集記事**になりました。雑誌広告で５ページだったら、ものすごい額です。この「野菜の切り方」企画は、**スポーツ新聞でも大きく**取り上げられました。

２０１８年には、ママ税理士さんのために、私が主催する「ＰＲ塾」の塾生が書いた「高校生のためのマネー授業」を開くというプレスリリースが、**配信してその日のうちに神戸新聞のネット記事に**なり、**翌日には本紙にも**掲載されました。

2017年夏、初めて新商品の
プレスリリースを発信。大成功!

(1/3)

報道関係者各位

2017年7月吉日

日本の盆ちょうちん職人が作る

「ペット専用 盆ちょうちん」販売開始

ペットは家族の一員。お盆も人と同じように迎えたい、という人が増えています。

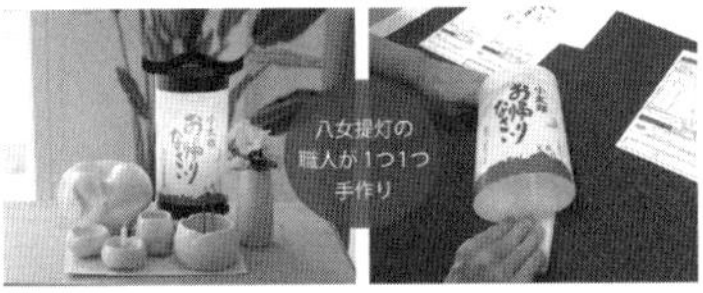

ペット専用　本格盆ちょうちん

株式会社インラビングメモリー（本社：埼玉県さいたま市、代表取締役：仁部《にべ》 武士《たけし》）が運営するペット仏壇・仏具の専門店「ディアペット」では、犬や猫などのペットを供養するための「ペット専用・盆ちょうちん」を6月中旬より正式販売開始いたしました。

ディアペットでは全国4ヵ所にある店舗や、楽天市場をはじめとするネット通販を中心にペット用仏壇・仏具を販売しています。月間の出荷個数は約3000個、月商約2000万円と、いま、ディアペットでペットの仏壇・仏具を購入する方が多くいらっしゃいます。
そんな中、「ペットもご先祖様と同じようにお盆供養したい」「ペット用の盆用品はないのか」といったご要望に応え、これから迎える7月・8月のお盆に向けて、満を持して販売する事となりました。

盆ちょうちんは、ご先祖様や故人があの世から帰ってくるときに、家の目印になるように灯すものとされています。
ディアペットでは、ペットも家族の一員であるといわれている現代において、ペットも人と同じようにあの世から帰ってきて、お盆の時期を自宅で過ごす一そんな提案ができたらと考えています。

特に人気があるのは、ペットに向けた感謝や想いのこもったメッセージがプリントされたタイプ（八女提灯）と紋の代わりに足あとマークが入ったタイプ（岐阜提灯）。

お迎え提灯（名前入り）￥15,980　　鞠 ￥15,120　　蓮の花（写真入り）￥16,200

ほかにもペットの写真が入るものなど、全部で8種類を用意。今年の夏は、旅立ったペットもお迎えして、家族全員でお盆を過ごしてみてはいかがでしょうか。

（株）インラビングメモリー　関口 真季子 （TEL：[illegible]）

リリースを出したインラビングメモリーは、ペット用仏具の販売などを手掛ける、社員30人ほどの中小企業

同じ時期、北海道でレンタルオフィスを運営する中小企業でも、札幌の活性化に対する社長の熱い思いをプレスリリースにまとめたところ、**地元の北海道新聞のほか、業界紙2紙にも掲載**されました。それによって、いろいろな企業や個人からの問い合わせが増えて、会社の中が非常に活性化したそうです。メディア露出には、現場のモチベーションアップという効果があるのも見逃せません。

これらは、すべて「PR塾」に通っていた女性たちが手掛けたケースです。

では、彼女たちは、どのようにプレスリリースを書き、配ったのか――。という本題に入る前に、PRと広告の違いをもう一度、確認しておきましょう。

メディアPRに社長が感じる不安とは？

新聞の1面を頭に思い浮かべてください。

上の部分がPRで、下のほうが広告です。

新聞1面の上の部分とは記事。つまりPRとは、広告ではなく、記事にしてもらうための活動です。

広告は、企業がお金を払って、掲載します。**お金さえ払えば、確実に掲載されるのが広告**です。しかも、自社が望む情報を、望む通りに掲載してもらえます。**掲載される内容は100%、自社でコントロール**できます。

ただしその分、かなりの掲載料がかかります。

とはいえ、効果もそれなりにあります。なおかつ、どのくらいの効果が期待できるかが、ある程度、読めるのがいいところです。これまでの経験から「この枠に100万円の広告を出したら、××件くらいの問い合わせがあって、成約率は△%くらいかな」などと予想できます。もちろん多少の波はありますが、予想から大きく外れることはあまりありません。

それに対してPRというのは、記事の1つとして、新聞社の判断で掲載されるものです。

PRでは一生懸命働きかけても、掲載されるかどうかは、相手の考えひとつ。無駄骨に終わる可能性も高く、百発百中とはいきません。

しかも、紹介される内容はまったくコントロールできません。あくまで記者の方が取材して考えたことを、自由に書きます。**記事が出るまで、どんな内容になるかが分からない**のは不安ですし、実際、いざ記事が出てから「期待していた内容と違った」「こんな紹介のされ方はちょっと嫌だな」などと思うことも。記事そのものが話題になっても、自社の売上にはつながらなかった、なんていうこともよくあります。

だから、経営者などには、「自分から働きかけてまで、メディアに取り上げてもらう必要はない」と考える方もいます。

SNS時代こそ、メディア露出の価値が増す

しかし、よく考えてみてください。

PRで記事になれば、掲載料は0円ですし、そのための活動資金も、広告に比べればたいしたことはありません。限りなく0円に近づけることも可能です。

それに内容をコントロールできないのには、いいところもあります。

広告でどんなに「これはいい商品ですよ！」と主張したところで、見ているほうは「自分で言っているだけでしょ」と、思ってしまいます。けれど、記事であれば、「記者が客観的な立場から書いているのだから、信用していいだろう」と、考えます。

だから**PRは、時に爆発的な反響を呼びます**。それこそ、テレビで1分紹介されただけで、翌日、会社の電話が鳴りやまない、という嬉しい悲鳴が上がったりします。

つまり、**広告はハイコストだけど、ハイリターン。ただし、確実に掲載されるのでローリスク**です。一方、**PRは、ローコストで、超ハイリターン。ただ、掲載の可否や内容が読めないという意味では、不確実**な一面もある。そんな構造になっています。

しかし、SNSが発達した今では、PRによるメディア露出の効果は一過性のものに終わりません。

一度、新聞で紹介されるだけで、それがネット配信され、テレビ番組の制作者の目に留まるといった具合に、ネットを介して反響が広がりやすくなっています。

また、「新聞に出ました」「テレビに出ました」という情報を、会社の公式SNSやホームページでうまく発信すれば、それが拡散して会社の認知度が上がり、信頼性が高まります。**メディア露出という「実績」が、SNSの口コミで拡散**することで、PR効果がどんどん増幅します。

これだけの効果があるメディアPR。試す価値ありと思いませんか。
では、その基本となる、プレスリリースの作り方、配り方を、お伝えします。

誰でも書ける！ プレスリリースのひな型

そもそも、プレスリリースとは何でしょうか。
一般には、A4判の縦長のペーパー数枚に、横書きで伝えたいことをまとめた資料です。例えば、新商品の概要や、イベント開催の概要をまとめて、メールや郵送、FAXで送ります。FAXというと時代遅れと思うかもしれませんが、テレビ局や新聞社など、昔ながらのマスコミ業界では、まだまだ意外と現役です。

メディアの人たちは仕事柄、常に面白い情報を探しているので、このプレスリリースを意外に読んでいます。

ただ、全国放送のテレビ局や大手新聞社ともなると、大量のプレスリリースが送られてきます。その中にあって目を留めてもらい、なおかつ採用されるとなると結構、大変です。

いくつかコツがあります。それらを順を追って、解説していきます。

まず、全体の構成です。

プレスリリースというと、プロでないと作れないのではないかと思っている人も多いようですが、そんなことはありません。書式が法律で定められているわけではないですし、伝えたいことが伝わればいいのです。

そこで、私のお薦めの流れをご紹介します。これを参考に、まずはご自身で実際に書いてみていただくのが、上達の近道だと思います。

プレスリリース作成の流れ

		Point
1	**新規情報**「この度、…の活動を始めることにしました。」	現在
2	**社会の現状**「現在、…という状況があります。」	
3	**活動の動機**「そんな中、私は…をしたい、と考えました。 そこで、今回…を始めることを決断しました。」	
4	**あなたのストーリー**「私は…を経験しました。 また…という過去があります。」	過去
5	**あなたの決意**「私は…で悩む方を 一人でも多く救いたいと考えています。」	未来
6	**催し日時ご案内**「この催しは○月○日○○市○○で開催します。」	
7	**取材のお願い**「大変お忙しいとは存じますが、この件につきまして、 ご取材いただき、報道のお力で 多くの方にお知らせいただければ幸いです。」	

▼

タイトル を決める

プレゼンは「今→過去→未来」の順番で

最初に持ってくるのは、「新規情報」です。

プレスリリースには、ニュースとしての価値が必要です。

「このマットレスは5年前に発売しました」では、メディアにとって取り上げる意味がありません。だから、「発売5年を記念して、このたびこんな活動を始めます」とか、「こんな機能を追加した新モデルを発表します」「あわせてイベントを開催します」など、**何らかの新規情報を用意**し、そこから話を展開します。

そして2番目は、「社会の現状」。

例えば、「ビジネスパーソンの×%が熟睡できていなくて、生産性が落ちている現状があります」といった事実を伝えます。

それを踏まえて、続く3番目に、社会の現状と、新規情報をつなぐ「活動の動機」を置きます。

「この課題を解決するために、看板商品のマットレスに新たに追加したのがこの機能なのです」といった具合です。ここが非常に大切なところです。

さて、ここまでは「今」の話です。

その次に、4番目の情報として「過去」の「ストーリー」を1回入れます。例えば、開発秘話など。ここに苦労話があると、なおいいです。

そこから、「未来」に、話を広げます。

まず、「決意」。例えば、「この新機能を通じて、ビジネスパーソンの熟睡に、ひいては、日本の生産性向上にも寄与したいのです」など、あなたの会社が目指すビジョン、社会にどう貢献したいかを宣言します。

そして、記者会見やイベントの告知。具体的に、いつ、どこに行けば取材できるかが分かるようにしましょう。ここが分かると、記者の方にとっては、取材のしやすさがぐっと高まります。新商品発売のリリースも、ただ発売日を知らせるだけでなく、記者向けの体験会などをセットでご案内するのがお薦めです。

最後に、取材のお願いを書き添えます。ただ「取材してほしい」というよりは、未来への意気込みを絡めて、社会的な意義を訴えられるといいと思います。

プレスリリースに絶対に欠かせないのは、社会性、公共性です。自社の商品やサービスに、どのような社会性、公共性があるのかが、必ず分かるように書いてください。

記者さんの仕事は、プレスリリースを送ってきた会社の宣伝ではありません。プレスリリースの中に、ニュースとして伝える価値のある情報があると感じたから、わざわざ取材に足を運び、記事にするのです。

読者として考えれば、分かりますよね。企業の宣伝をしているだけの新聞記事なんて、おかしいですよね。

この新商品から、世の中のこんな課題が浮き彫りになる。課題が解決する糸口になるかもしれない。だから、多くの人に伝える意義がある。そう考えて、ニュースとして報道するのです。そういう人たちのアンテナに引っかかるポイントを探して、プレスリリースに挑戦してください。

タイトルの基準は「小学6年生が分かるか」

プレスリリースを一通り、書き終えたら、最後にタイトルと写真を付けます。

実のところ、プレスリリースは、**タイトルと写真が8割**です。

とにかく、パッと見たときの第一印象が勝負。取り上げてもらえるかどうかの8割は、タイトルと写真で決まるといって過言ではありません。

タイトルのポイントは4つ。

第1に、**小学6年生が一瞬で理解できる**分かりやすさ。

例えば、「BtoBの仮想通貨管理プラットフォーム×××システムをついにリリース！」など、一般的でない専門用語や外来語をそのまま使うのはNGです。

第2に、**事実を端的に**伝えること。

私が過去に添削したプレスリリースのタイトルに、こんなものがありました。

タオルで幸せをお届けしたい。
廃業した今治タオル工場を引き継いだ30代夫婦のストーリー
93年の歴史をまたその先に繋ぐ

これはストーリー性があって、キャッチコピーとしてはいいのですが、プレスリリースのタイトルとなると、ちょっと弱いと感じました。これだけ読んでも、何となく漠然としていて、記者さんにしてみれば、何を取材したらいいのかがいまいちイメージしにくい。どういう映像が撮れるのかも読みにくい。そこで、こう改善しました。

今治産〝しあわせのタオル〟を
日本橋三越で展示します。
～廃業したタオル工場を継承した未経験30代夫婦の挑戦～

改善前のリリースに欠けていたのは、「端的な事実」です。つまり「日本橋三越で、タオルを展示する」という事実。当事者にとっては当たり前すぎて、逆に忘れてしまっていたのですね。この事実を加えれば、「日本橋三越に行けば、今治タオルと、その背後にある若い夫婦の苦労話が取材できる」ことが、記者さんに一目で分かります。

しかも、この展示は期間限定でした。タイトルからも、なんとなく分かりますよね。となると、記者さんにしてみれば、「今なら、今治まで行かなくても取材できる。アポを取る手間も省ける」ということで、「空いている時間を探して、試しにちょっとだけでも話を聞きに行くか」ということになりやすいのです。

第3のポイントは、**抽象的な言葉、ビジョンは入れない**。

会社としてビジョンや思いを持つことは大事です。けれど、それをプレスリリースのタイトルにしてしまうと、本題がぼやけてしまいます。先ほどの例の「タオルで幸せをお届けしたい」などは、その一例です。ほかの部分で、お伝えしましょう。

第4に、**固有名詞や数字**を盛り込み、具体的に書く。
固有名詞というのは、先ほどの「日本橋三越」など。取材する相手が「30代」であるという数字も、記者さんにとっては大事な情報。どんな記事が作れそうかがイメージしやすくなり、安心感も与えられます。

タイトルと並んで重要なのが写真です。
プレスリリースに使う写真は、次の2つの条件を満たしているものが望ましいです。
第1に、**事実をそのまま**伝えている写真
第2に、そのまま**テレビや新聞で使っても大丈夫**な写真

例えば、子供が集まるイベントの告知をするなら、過去に開催したときの写真を掲載できるといいです。フリー素材のイメージ写真を使うのは、お薦めできません。なぜなら、テレビ局や新聞社の人が求めるのは、番組や記事で使えるリアルな画像であって、きれいな写真ではないからです。ありのままの写真を、できるだけ加工しないで使うのがいいと思います。

プレスリリース 写真のコツ

Point

新聞にそのまま掲載してもよい、**事実を伝える写真**

例）○日に、ママ30名で子育てイベントを実施します

OK事例

過去に開催したときの写真を活用
イメージが伝わり、撮影できる映像がイメージできる

NG事例

ママイベントの紹介

加工されている写真

そのためには、事前にプレスリリースなどに使うことについて、写っている子供の保護者などに了承を得る必要があります。こうした了承を得る仕事は、メディアにとっても面倒なもの。だからこそ、逆にクリアしておくと、採用のハードルが下がります。

伝える相手はどんな人？

さて、プレスリリースを書いたら、今度は送ります。

そこで、もう1つ、クイズです。

【Q】小さな会社がメディアにプレスリリースを送ります。一番成功確率が高いのは、どのやり方だと思いますか。

（A）200～300媒体にメールで一斉配信

（B）20～30媒体に絞って郵送

（C）2～3媒体に絞って担当者に手渡し

私が自分自身の経験を踏まえて考える正解は……Bです。

Aの「大量一斉配信」は、典型的な大企業のPR手法です。配信を代行してくれる会社もありますが、中小企業が大企業のマネをしていては勝てません。

と、偉そうに書いている私も、最初は大量配信でどんどん撃沈していたのですが……。

テレビ局や新聞社には、大量のプレスリリースが届きます。似たような内容なら、目に留まるのは大企業のもの。小さな会社の情報など、埋もれてしまいます。

そこを、どう突破するか。

何より問われるのは、基本スタンスです。

プレスリリースを「不特定多数に向けた情報発信」だと、思ってはいないでしょうか。

そうだとすれば、誤解です。

プレスリリースを受け取る方は、一人ひとりが、特定の番組や記事を、思い入れを持って作っている「個人」です。そういう「あなた」をイメージして、**「1対1でラブレター**

を送る」つもりで取り組むのが、大事なコツです。

そのため具体的にすべきことは、**まず媒体の研究**です。

図書館に行けば、さまざまな新聞や雑誌が置いてあります。そこで読み比べて、「このコラムの担当者なら、うちの業界に興味がありそうだな」「この記事を書いた記者なら、うちの新サービスを紹介してくれるかもしれない」という人を探します。

テレビも同じです。しっかり視聴して、特徴をつかみ、出たい番組、出られそうなコーナーに目星を付けるところから始めましょう。

そのうえで、記事や番組の作り手の気持ちを想像する。どんな物語が欲しいのか。どんな絵が欲しいのか。

そこまで考えれば、あなたはもう「自社を売り込みたいだけの人」ではありません。「作り手の潜在的な協力者」です。リリースを書くときも、そういう気持ちで書きます。

最初のクイズに戻れば、Cのように、意中のコラムや番組の担当者に直接プレスリリースを手渡せれば、ベストです。けれど、PR初心者にはハードルが高すぎます。

成功するプレリリース＝ラブレター

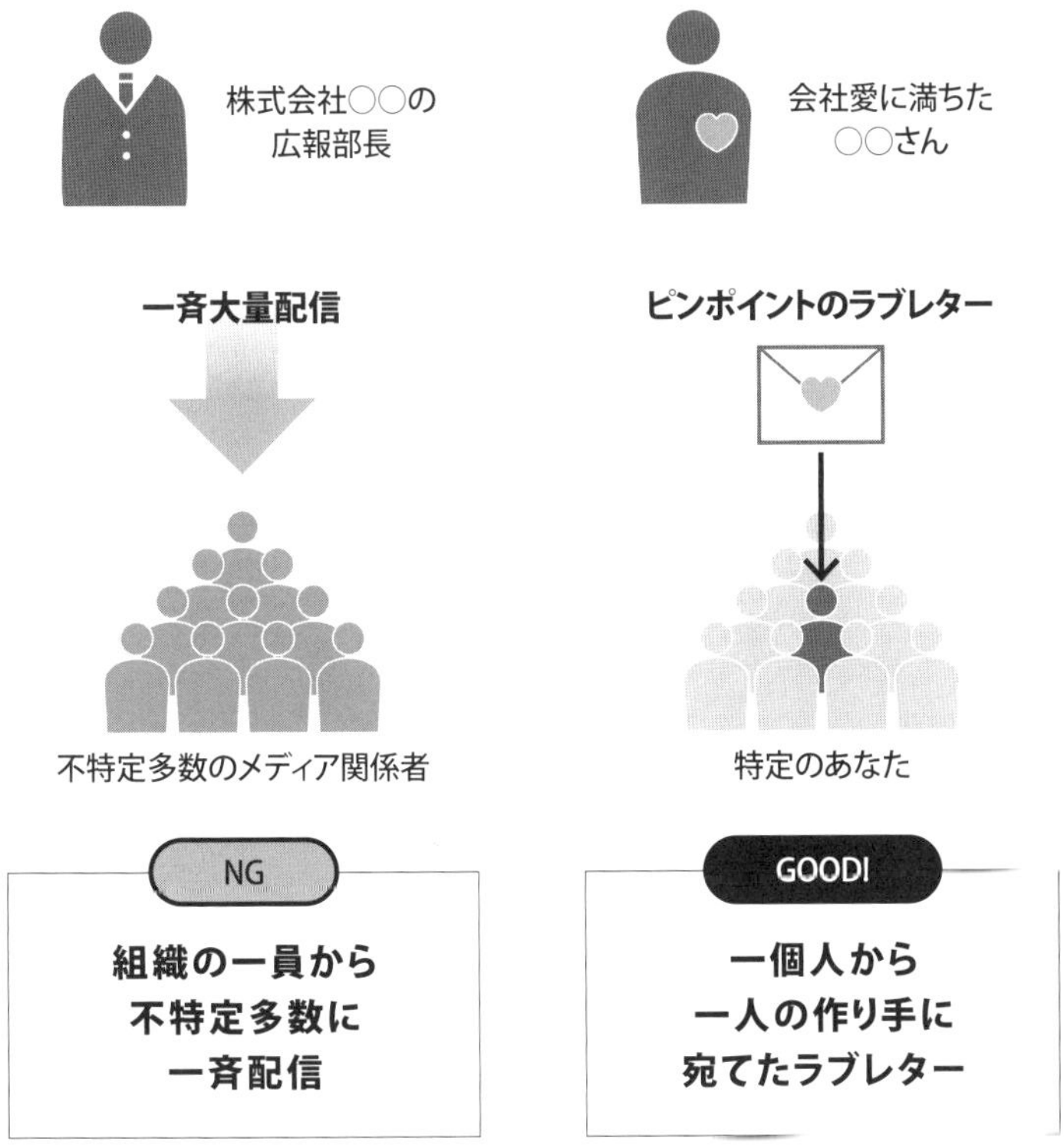

そこでお薦めしたいのがB、というわけです。

意中の媒体を20～30に絞る代わりに、それぞれの特性に合わせたカスタマイズをして、リリースを送ります。

プレスリリースとは、ラブレターである

リリースそのものは共通の内容でも構いません。

ただし、**宛名は一人ひとり手書き**しましょう。「○○新聞 社会面コラム×××ご担当者様」というふうに、コーナー名まで特定すること。過去の署名記事などから、実名が分かるならば、実名で。**ピンポイントで指名**されることで、封書を見た瞬間、相手の心が動きます。結果、開封率が大きくアップします。

リリースの上には、1枚、送り状を添えましょう。こちらはワープロ打ちでいいですが、**過去の記事や番組の感想、共感したポイント**などを書き、それを踏まえて、なぜ自社の情報を「あなた」に届けたいと思ったのかを、簡潔にまとめます。

郵便物で心を動かす3点セット

1 手書きの宛名

会社宛ての郵便物の中で、手書きの宛名は珍しくて目立ち、思いの深さも端的に伝わる

2 ピンポイントで指名

取り上げてほしいコラムや番組、担当者の名前を特定し、宛先に書く。記事や番組をきちんと見ていることが端的に伝わる

3 過去の作品の感想

過去のコラムや番組の感想、共感したポイントなどを添える。記事や番組をよく研究していることが伝われば、信頼感が増す

要するに、「ピンポイントの担当者」を「手書き」で指名し、「過去の作品の感想」を添える。

実際、私が試行錯誤の末に、この3点セットを実践するようにしてから、プレスリリースが取材につながる確率が格段に上がりました。

記者の方も人間です。たくさんの記者にばらまかれているうちの1通と思えば、関心が低くなっても仕方ありません。逆に、自分の過去の仕事を調べた上で、「この人に」と思って送ってくれたと分かれば、リリースの中身も自ずと気になります。「これは何か私のためになる情報が入っているのではないか」と、関心を持って読んでくれます。

理想のプレスリリースは「1対1のラブレター」である、とは、こういうことです。

こうした活動を地道に積み重ねていくと、メディア関係者との間に本当の人脈が生まれてきます。お互いに、どんな情報に興味があって、どんな情報を提供できるのかがよく分かっていて、信頼関係もある。そういう人間関係の輪を少しずつ広げていくうち、「記者個人の情報網」に自然と入っていく。これがメディアPRの正攻法ではないでしょうか。

大切にしたい記者クラブ＆地元の新聞社

プレスリリースの送り先として、ほかに3つ、ぜひ覚えておきたいところがあります。それは、**記者クラブ、地方新聞社、そして地方支局**です。

記者クラブには、複数のメディアの記者が所属しているので、一度に複数のメディアにアプローチできるメリットがあります。しかも、それぞれに特徴があるので、目的に合わせて、プレスリリースを配るべき記者クラブを選びやすいのもいいところです。外食業界や繊維業界など、専門分野別の記者クラブもあるので、プレスリリースを作ったら、とりあえず自社が所属する業界の記者クラブを訪問し、配布をお願いするというのも、最初の一歩としていいアプローチだと思います。

さらに高い採用率が期待できるのが、地元の記者クラブです。

各都道府県の県庁所在地などには大抵、記者クラブがあり、地元の情報をきめ細かく拾い上げてくれています。地域に根差した小さな会社のPR先としては、もってこいです。

記者クラブへの情報提供は、それぞれにルールがあるので、まずはネット検索などで連絡先を調べて、事前に電話して段取りを確認しておくのがお薦めです。

同じ理由から、地方紙を発行する新聞社や、大手新聞社の地方支局も、プレスリリースを採用してもらいやすいPR先です。地方の支局には、本社ほど大量のプレスリリースは届きませんので、小さなニュースでも取り上げてもらいやすいもの。面白くて反響があれば、地方版に掲載された後、全国版に掲載されたり、ネットニュースに転載されたりといった広がりも生まれます。ぜひ挑戦してみてください。

冒頭の問題の答え・私の考える正解は……

Lesson7 Answer

❸ プレスリリースを書く

解説

メディアの人たちは情報を貪欲に求めています。ただし、テレビ番組や雑誌によって求める情報が違うので、自社に合う媒体をよく研究して書くのがコツです。

【Lesson7】パワポ応用学

侮れない基本ツール！
自己紹介資料のABC

Lesson7 Question

会社紹介パンフレットの弱点は？
該当するものを、すべて選んでください

Ⓐ 制作コストが高い
Ⓑ 内容の修正、更新がしにくい
Ⓒ イマイチ、見た人の心を打たない

↓私の考える正解は……このレッスンの最後に

会社パンフレットはゴミ箱行き

商談で初めて訪問する会社に、あなたは何を持参していきますか?

これまでにお伝えしてきたPRのノウハウは、オフィスから出なくても、自宅にいながらでもできるものばかりでした。**SNS活用やプレスリリース配信は、「人と会って話さなくていい」という意味でも、初心者にとってハードルが低い**のが魅力です。低コストだけではありません。

けれど、いつまでもそればかりでは面白くありません。**基本スキルが身に付いてきたら、思い切って一歩踏み出し、人と会ってみる**こと。

いわゆる〝商談〟です。例えば、プレスリリースに反応してくれた記者さんにアポをとって会って、情報ニーズを探る。あるいは著名人のマネージャーさんに「自社の商品を推薦してもらえませんか」と、尋ねる。今の時代は、そんな相談の相手が著名インフルエンサーというケースもあるでしょう。
そんなリアルなPR活動とセットにすることで、テレビや新聞に取り上げられるメディア掲載率は格段にアップしますし、SNSでのクチコミの広がりも加速します。

けれど、そのような商談の場に、何の資料も持たずに臨むのは、怖いですよね。
そんなとき、一般的な営業で定番のツールの1つが会社パンフレットです。プロに頼んだ素敵なデザインに、何度もチェックを重ねた非の打ちどころのない言葉が並びます。

でも、この**会社パンフレット、意外に相手の印象に残りにくいもの**です。
結局、あなたが帰った後、読み返しもせずに引き出しにしまわれ、そのまま忘れられて……。何カ月か後に引き出しの中を整理したときに、そのまま捨てられてしまう。

なぜでしょうか。

もしかしたら、**きれいにまとまっているということが、逆に弱点**なのかもしれません。

ＳＮＳ時代のＰＲは、「完璧でなくてもいい。欠点も含めて個性を見せ、ファンを増やす」のがセオリー。会社パンフレットは、その流れに逆行するところがあります。

会社パンフレットには、ほかにもいくつかの弱点があります。

まず、さまざまな経費がかかります。デザイン料に印刷代、用紙代、製本代など。それぞれ専門の会社に発注すると、**結構なコスト**になりますよね。

なのに、パンフレットは**一度作ってしまうと、そう簡単に内容を変えられない**。何年も使ううちに、情報は古くなっていきますが、改訂しようとすれば、またお金がかかります。商談の相手や最新のトピックに合わせて、内容を変えることもできません。

もちろん会社パンフレットには、会社パンフレットの良さがあります。一度に大量に配ったり、相手に寸分の隙も見せられない場面では欠かせないと思います。

ただ、ＰＲの世界では事情が違います。ピンポイントで相手を定めてメディア関係者や著名人、インフルエンサーなどに働きかけるときには、私の経験からいって弱点のほうが際立ってしまうのです。

「社長自作のパワポ資料」の薦め

この本が目指す「お金をかけずに、顧客に愛されて、売上を伸ばす」活動には、ちょっと合わないのが、会社パンフレット。

その代わりとして、私が強力にお薦めしたいツールがあります。

それは「**社長（ないし担当者）がパワーポイントで自作した会社紹介のプレゼン資料**」。

何がそんなにいいかは、パンフレットと比較すると分かりやすいです。

第1に、コスト。**パワポで自作すれば、制作コストは格段に低い**です。

第2に、**ブラッシュアップがしやすい**。

例えば、人気上昇中の商品の情報をすぐに盛り込める。たまたま自社と関連するニュースが話題になったりしたときにも、その日のうちに反映させて、商談に使えます。やっぱり何年も前に印刷してそのままの情報より、鮮度の高いピチピチの情報のほうが、相手の食いつきがいいものです。

第3に、資料を渡す**相手に合わせたカスタマイズが可能**です。

例えば、PRする相手によって、どの商品を強くアピールするかを変える。相手の業種や規模によって、訴求したいポイントが変わってくるのは当然ですよね。

パワポ資料の表紙に「○○株式会社××様へ」と、相手の名前を入れるのも、ささやかながら、効果の大きい工夫です。最初に1ページを加えるだけで、「あなたのために」というメッセージが伝わり、好感度が大きく上がります。

さらに大きな魅力として強調したいのが「会社や社長のストーリー」が伝わりやすいこと。パンフレットのようにプロが整えた言葉を使うのでなく、社長や担当者が**自分自身の言葉で語るから、情熱やキャラクターがダイレクトに伝わる**。だから相手に親しみが湧き、ファンづくりにつながるのです。

きれいに作らない。何枚も用意しない

この「自作のパワポ会社紹介資料」は、**きれいに作りすぎようとしない**でください。不格好でも大丈夫。そんなことより、会社の思いが伝わり、最新のトピックが盛り込まれていることのほうが重要で、相手の心を動かします。

若い社員に「パワポ、作っておいて」と**丸投げするのはNG**です。会社紹介のパワーポイントは、社長自らが、あるいは責任者自らが、思いを込めて自作する。そうしなければ、会社や商品、サービスの本質的な魅力は、なかなか伝わりません。

もちろん私も、この「自作のパワポ会社紹介資料」を作っています。基本形を何種類か用意し、それぞれをこまめに更新、バージョンアップ。さらにお渡しする相手や、打ち合わせの目的に合わせて、微調整してその場に臨みます。

細かいですが、大事な注意点として、**プレゼンのときにお見せする資料は原則として**

1部だけ。

なぜかというと、全員の手元に資料があると、そちらをついつい読んでしまうから。パラパラとページを眺めるばかりで、誰もあなたの話に集中してくれません。

参加者の人数にもよりますが、**一番いいのは、肩を並べて1枚の資料を一緒に見ながら、説明**すること。横並びになる格好で、親近感が湧きやすくなります。ノートパソコンを一緒にのぞき込むのもいいと思います。1つの画面をみんなで一緒に見るのが理想的です。

こうして、「同じ資料を一緒に見る」というステップを踏んだうえで、最後に人数分の資料をお配りする、というのが、私のお薦めです。

では実際に、自作のパワポ会社紹介資料を作ってみましょう。

ここからは、私がお薦めする作り方を、順を追って紹介していきます。書き込みスペースを用意していますので、ぜひ、ご自身の会社やビジネスについて考え、実際に資料を作ってみてください。

まずは、全体像。下図の通りです。実はこの流れ、【Lesson2】で、ご紹介した「PRの基本設計」と重なります。

この7ステップのコツを順番に、詳しく紹介していきますね。

パワポ会社資料を自作する7つのステップ

【ステップ0】表紙

ここはシンプルに、自社の名前を表示する1枚を用意します。コーポレートカラーを決めているなら、その色を基調にするといいでしょう。

渡す相手に合わせて「A社 御中」「A社××営業部長×山×太郎様」などと、相手の名前を入れると、好感度がぐっと上がります。

STEP 0	表紙
STEP 1	あなたの商品、サービスとは
STEP 2	実績
STEP 3	プロフィール or ストーリー
STEP 4	サービスの特徴・概要
STEP 5	お客様の声
STEP 6	費用、お申し込みの流れ、アフターフォロー体制
STEP 7	お問い合わせ先

STEP 0 表紙

Q 会社のご紹介

A

例）

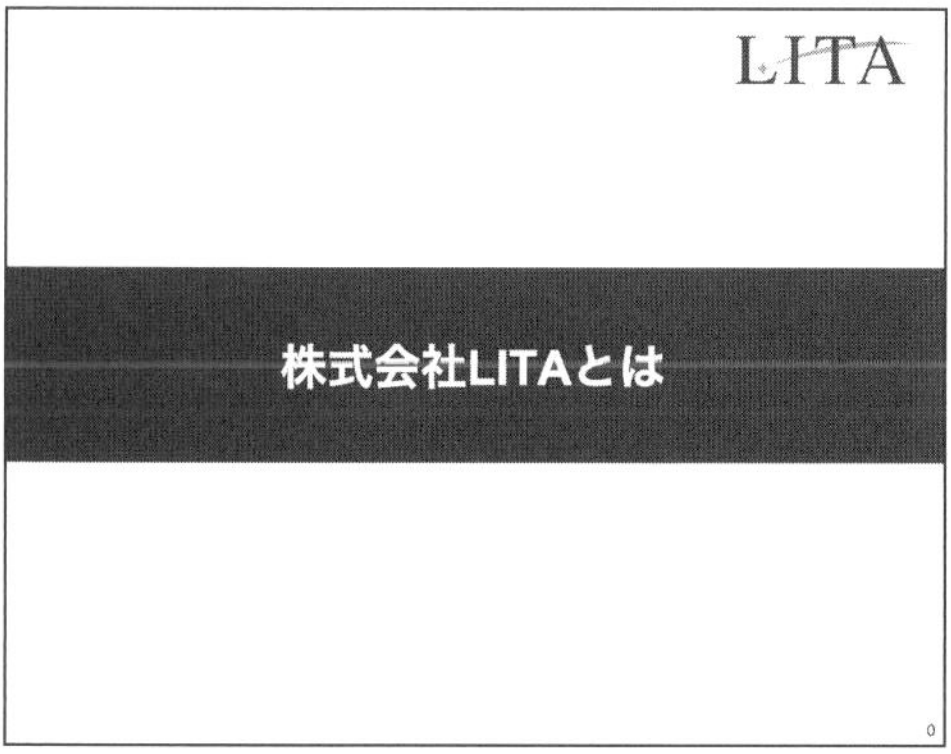

STEP 1	あなたの商品、サービスとは

Q　ミッション
何を実現する事業にしたいですか？

A

....

....

....

....

事例

JAL：世界で一番お客さまに選ばれ、
　　愛される航空会社へ

A社：世界一、〇〇を実現する△△

LITA：PRで会社拡大までを
　　　サポートする会社

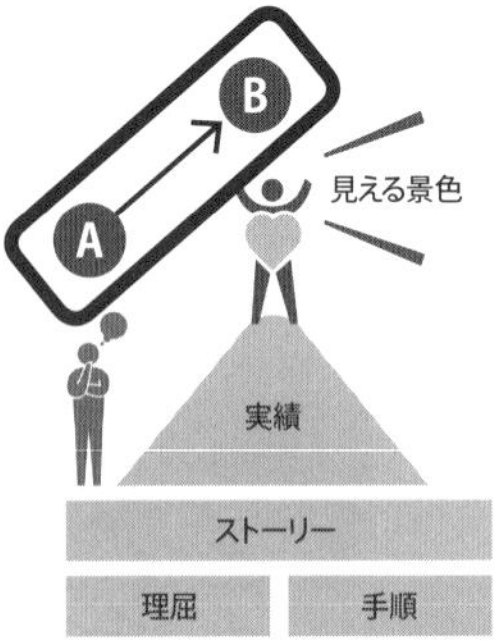

【ステップ1】あなたの商品、サービスとは（ミッションと事業内容）

表紙をめくったら、あなたの会社の商品、サービスがどのようなものかを説明します。といっても、具体的なモノの特徴や価格の話ではありません。いきなりそこまで具体的な話をしても、相手の頭にはすっと入っていかないものです。

まずは、ミッション。**あなたの会社が目指す世界観を、パワポ1枚で端的に**示します。この部分は、【Lesson2】で作った、PRの基本設計でいう「AからBへ」と少し重なります。顧客や社会にどんな変化を与えたいのかを、長めの時間軸で考えると、イメージしやすいと思います。

具体例を挙げて、説明しましょう。

ミッションで私が参考になると思うのは、日本航空（JAL）さんです。会社ホームページに、夜空をバックに、こんな文章（ブランドストーリー）が掲載されています。

BRAND STORY

明日の空へ、日本の翼

つないできた思い。

日本の航空会社として初めて世界の空に羽ばたいてから、
私たちに脈々と受け継がれてきたもの。
それは、歴史や伝統に裏打ちされた技術や経験に誇りを持ち、
妥協を許さない心です。
そして、夢や人、社会を支えていきたいという強い思い。
ＪＡＬの原点である挑戦する気持ちと
お客さまを想う心を大切にしながら、
「世界で一番お客さまに選ばれ、愛される航空会社」を目指します。

どうでしょうか。ここには、ＪＡＬが日本で初めて国際線を就航させた航空会社であるという原点と、守りたいポリシー、その先に目指すところなどが、美しくまとめられています。つまり、ＪＡＬという会社のビジョンがすぐ分かる。ＪＡＬのサービスに込められた思いも、すぐ分かる。

ＰＲ用の会社紹介資料で、こういうものを冒頭に置いていただきたいのです。直近の現実的な目標というのではなく、もっと長期的な目標、夢を示す。そして、ファンを増やすためのビジネスパートナーとなる人に、「この夢を、あなたと一緒に実現したい」というメッセージを最初に送る。そういう順番が、いいと思います。

ちなみに、私が経営するＬＩＴＡで、ビジョンに当たるメッセージは……「届けよう、この夢を。売上拡大のビジネスパートナー ＰＲ会社」です。すごく大事な部分なので、メンバーと話し合いながら、何度か更新してきました。更新するたびに、自分たちが目指すもの、自分たちに期待されることが明確になり、成長につながってきた実感があります。

ビジョンの次のページには、より具体的なイメージが湧く事業内容を入れます。ただ、

STEP 1 あなたの商品、サービスとは

Q 事業内容
あなたの具体的な事業内容or商品を教えてください。

A

....

....

....

....

事例

LITA：1. 広報・PR代行サービス
2. PR塾主宰
3. SNS発信

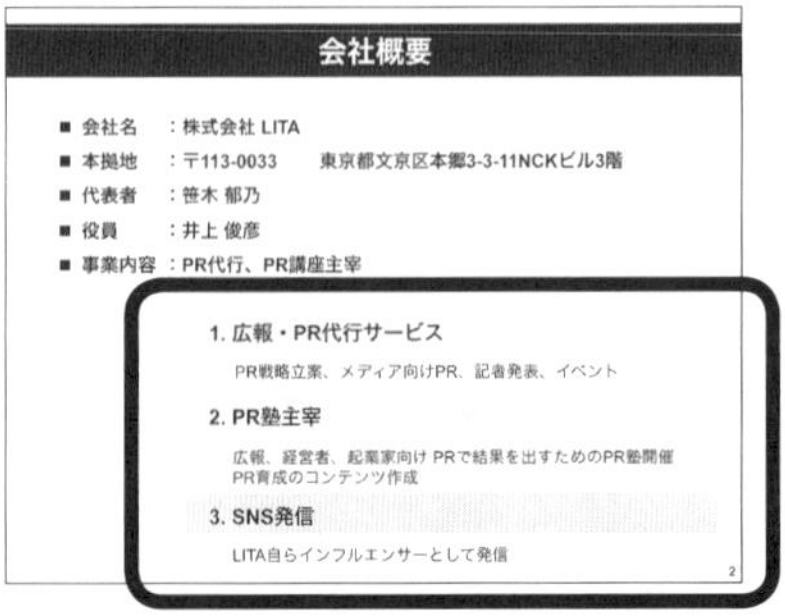

個別の商品やサービスを紹介するのはまだ少し早いです。右ページ図のように、「広報・PR代行サービス」など、おおまかな事業領域を示すくらいがいいと思います。

【ステップ2】活動実績

ビジョンの次は、実績。

ビジョンのような話は、長々と説明すると、相手は飽きてしまいます。パワポ1、2枚で、バンッと印象付けたらすぐ、**誰もが一番、興味のある情報**に話を移しましょう。**それは、すなわち実績**です。

「浅田真央さんが愛用している」とか、「累計販売数×万個突破！」「××新聞に取り上げられました！」など。実績にも、いろいろあることは51ページでお伝えした通り。どんな会社でも、商品、サービスに何かしら誇れる実績があるはずです。

今の私なら、エアウィーヴ時代に、どんなPR手法で、どんなメディアに取り上げてもらったのか。あるいは、主催する「PR塾」が毎回、満員御礼であることなど。

ビジョンは、自分たちで、自分たちの主張を述べているだけ。いわば自薦の情報ですが、実績は違います。第三者が評価してくれている、他薦の情報。初めて知る人にとって何よりの品質保証になります。しっかりアピールしましょう。

それでも、やっぱり「自慢っぽく見えて、気が引ける」という人はいるでしょう。実は、**パワポ資料は、そんな照れ屋さんの強い味方**でもあります。

例えば、誇れる実績が10個あったとしましょう。

ただ、相手に面と向かって話すのは気が引けて、2個しか、お伝えできなかった……。けれど、2人の間に置かれた資料に、10個の実績がきちんと列挙されていたらどうでしょう。相手はきちんと気付きます。「うわあ、こんなに実績があるのか。だけど、謙虚な人だから、全部を自慢するなんてできなかったんだ」と、分かってもらえます。

きちんとした資料で裏付けを示せば、あくまで事実を伝えているのであって、自慢したり、実際以上に自分をよく見せたりしようとしているのではないことが、しっかり相手に伝わります。ぜひ、実績をしっかり記録に残してください。

STEP 2

活動実績

Q あなたの事業・活動における実績を、
箇条書きで教えてください。

A

....

....

....

....

事例

▼ 活動実績＜契約企業・団体＞
・エアウィーヴ　・致知出版社
・中京テレビ　・経済界
・サンマーク出版…

▼ 10年で売上2倍、業界1位

▼ ○○ホテルで採用

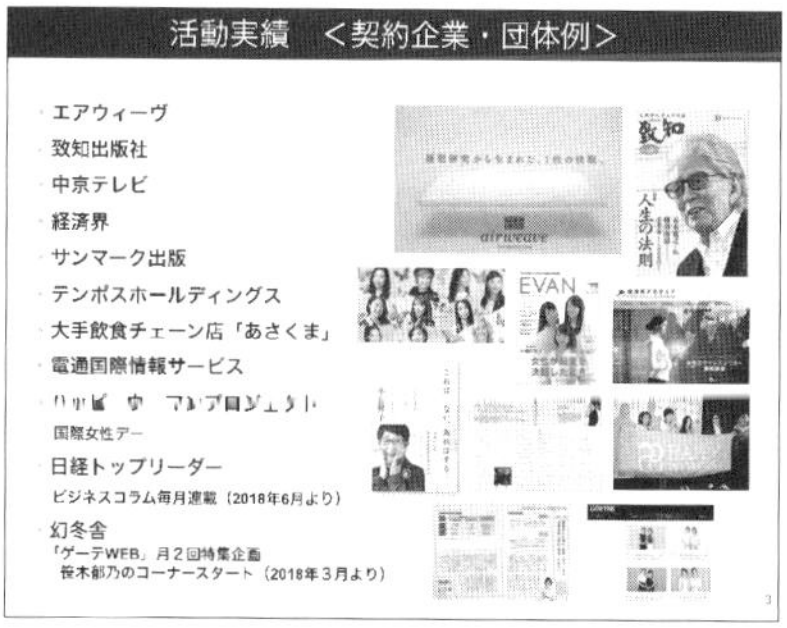

【ステップ3】プロフィール or ストーリー

ファンになっていただくための次の要素がプロフィール、あるいはストーリーです。

個人のPRであれば、ご自身の経歴がベースになりますし、商品やサービスであれば、開発ストーリーです。会社であれば、創業から今に至る歴史、それに将来の夢、といった展開になります。

会社の場合、年表形式で沿革をまとめるのがやりやすいでしょう。特に社歴の長い会社は、印象的な出来事やエピソードが多く、読み応えあるものにしやすいです。

一方、急成長中のベンチャーならば、売上高の棒グラフを中心にまとめて、会社の勢いを伝えるのがお薦めです。

ストーリーには、失敗談や苦労話を盛り込むと、聞く人の心を引きつけます。いい時期もあれば、悪い時期もあった。その起伏の大きさが、会社の魅力につながります。

ただし、そういった**ドラマは、あくまで実績をアピールした後**で、です。

ありがちな失敗として、ビジョンを熱く語った直後に、さらに熱く、開発秘話や苦労

STEP 3

プロフィール【ストーリー】

企業向けの場合

経歴を中心に、**会社の歴史**

例）

Aパターン
年表

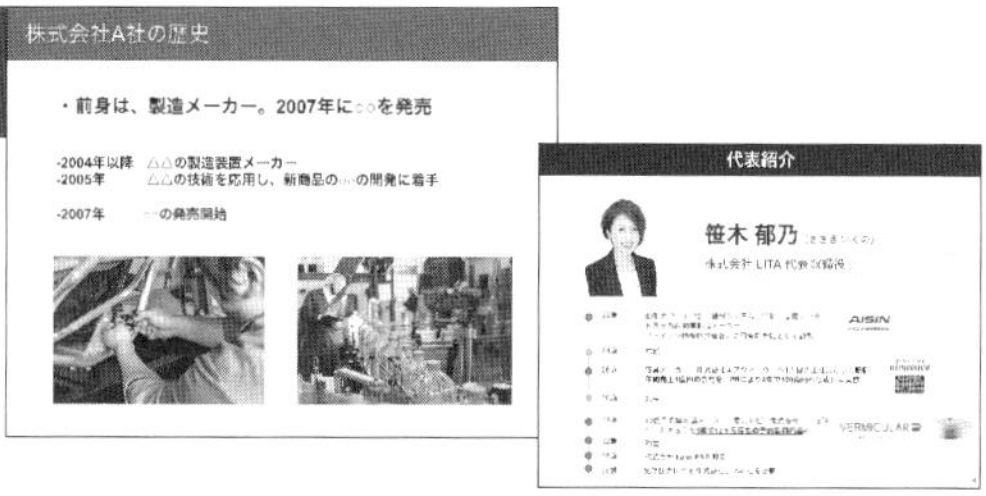

Bパターン
売上推移

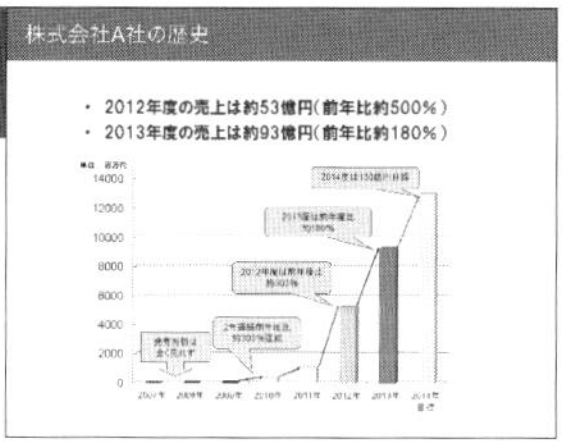

ポイント

- **開発秘話**
- **失敗談** **苦労話**

などを盛り込むと効果的

話を展開してしまう、というのがあります。これをやってしまうと、独りよがりな思い出話を長々と聞かされているようで、相手はしらけてしまいます。

そうなる前に、しっかり実績を伝える。**実績で「すごいんだ！」と、心をつかんだうえで、「実は、これには裏話がありまして……」**となると、相手もぐっと引き込まれていきます。

苦労話は、放っておくと長くなりやすいものなので、そこは要注意。

プレゼンの後には、どこが受けたかを振り返り、相手を引きつけた要素がどこだったかを洗い出しましょう。それらをコンパクトにまとめた、メリハリのあるストーリーにブラッシュアップしていけるといいですね。

【ステップ4】商品、サービスの特徴

【ステップ1】では、商品やサービスの背後にあるビジョンを説明しました。これは、商品やサービスが顧客に提供したいと考えている「変化」。すなわち「AからBへ」です。

【ステップ4】では、そのビジョンを実現させる「理屈」と「手順」を、説明します。

STEP 4 サービス特徴・概要について

Q 「A→Bに変化する、その理屈（特徴）は？」

A

....

....

....

....

例）

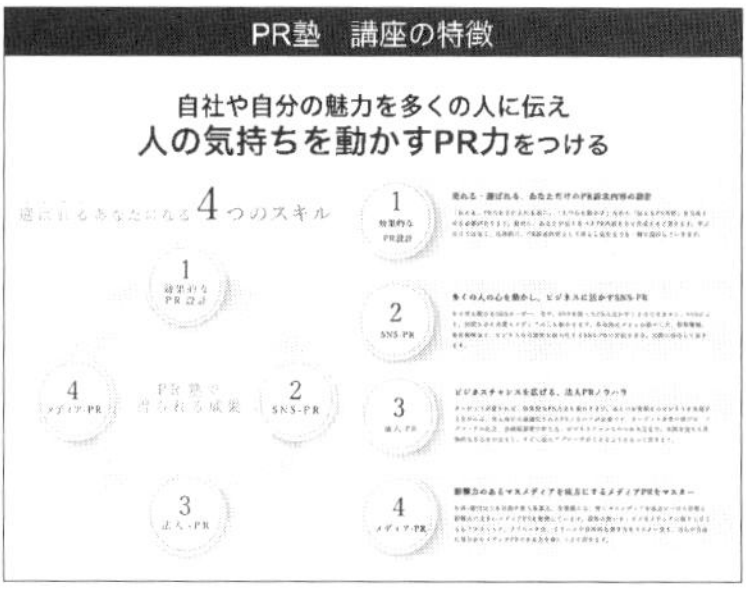

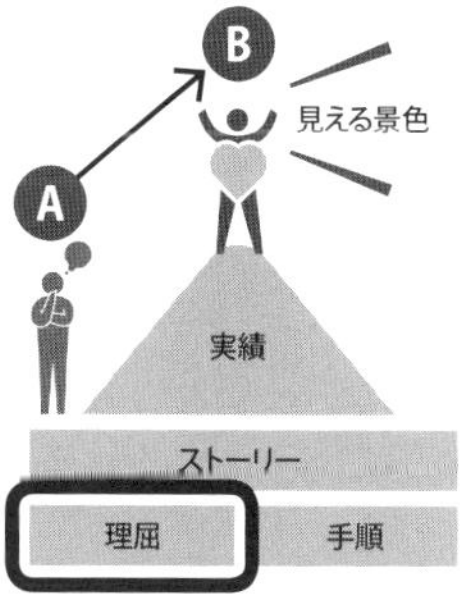

ビジョンを実現させる「理屈」とは、こういうことです。

私の会社のビジョンは、「届けよう、この夢を。売上拡大のビジネスパートナーＰＲ会社」です。「認知がなく、売上が伸びない会社」が、「認知を高め、売上が伸びる」という変化を、顧客に約束しているというわけです。

では、**どのような「理屈」**で、会社の認知を高め、売上を伸ばすのか。

ここを解説するわけです。私だったら、例えば「ＡＩＳＡＳモデルに沿って、顧客の購買に確実につながるＰＲ戦略を設計している」であるとか、その手法の特徴だとか。持論をロジカルに説くことで、相手の納得感を高めます。

もう1つの「手順」は、**より具体的な商品、サービスの情報。これが意外に盲点**で、忘れやすいものです。私の場合、「手順」に当たるのは、ＰＲ会社として提供しているサービスの内容、あるいはＰＲ塾のカリキュラムなどです。

ここを具体的にイメージしてもらうことが重要なのですが、自分のことだと、つい「無名の会社のＰＲ力を上げるサービスをしているんです！」などと、抽象的で漠然とした説明に終始してしまいやすいもの。初めて聞く人にしてみれば、「だから、どうやって

STEP 4

サービス特徴・概要について

Q 「Ⓐ→Ⓑに変化する、その手順は?」

A

……………………………………………

……………………………………………

……………………………………………

……………………………………………

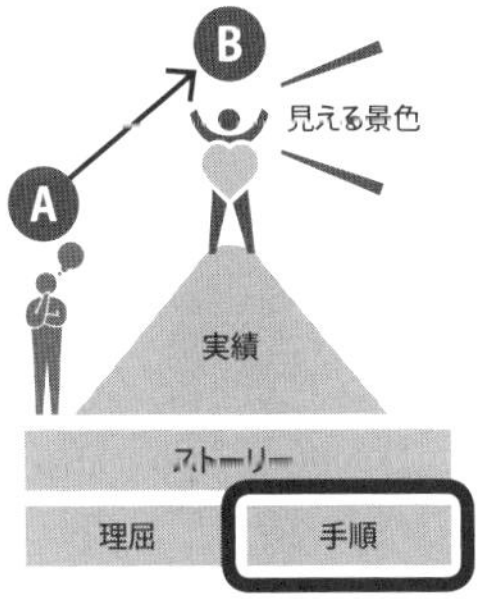

例）

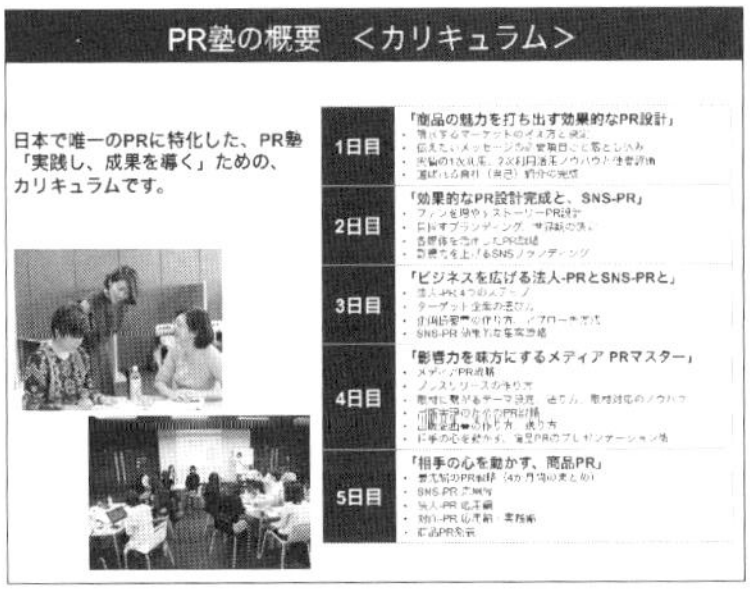

PR力を上げるの?」と疑問に思いますよね。

けれど、私が勢いよく話し続けてしまうと、なかなか質問するタイミングもつかめません。そうこうするうち、私がふと「PR力を上げる講座を開催しているのです」と口にすると、即座に相手が、「なるほど!」と納得して、「どんな内容なのですか」と尋ねられる、といった具合です。

そこで私も、はっと気付くわけです。「**自分にとってはあまりに当たり前で、基本的な説明を忘れていた**。『講座をやっているのです』と、先に説明すべきだった」と。

最初から具体的なことを話しても頭に入らないというのは、すでにお伝えした通りです。けれど、後半になったら、具体的なことをしっかり説明しましょう。ここまできても抽象的な話に終始していては、相手が困ってしまいます。

慣れないうちは陥りやすい落とし穴です。ご注意ください。

【ステップ5】顧客の声

顧客の声も一種の実績。ですが、非常に説得力が大きいものです。

STEP 5 お客様の声

Q 「お客様からどんなお声を頂いていますか?」

例）

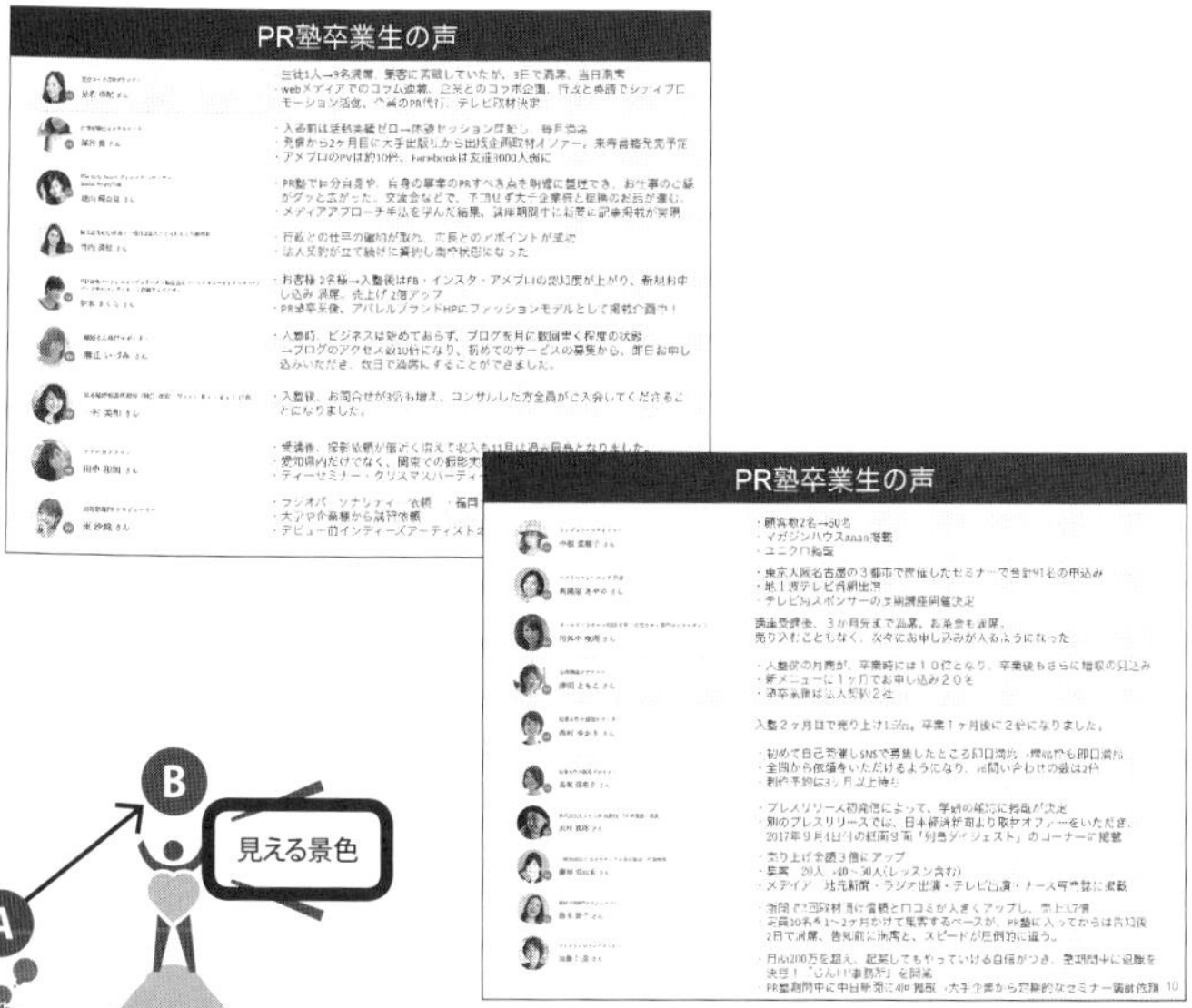

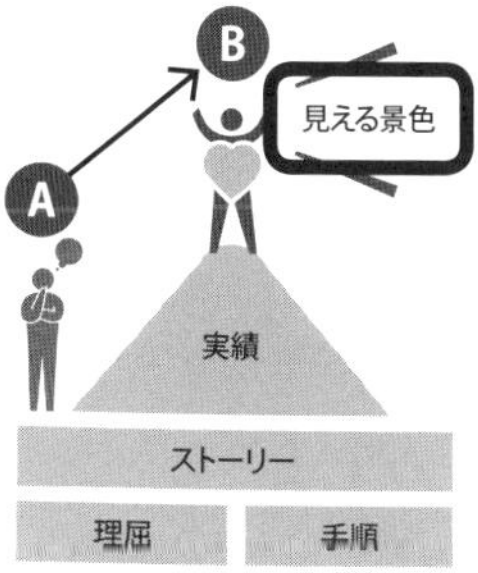

なので、実績とは別にページを作り、実際に届いたそのままの声を、できるだけ多く紹介しましょう。

できれば、お客様の顔写真があると、リアルでなおいいです。でも、「顔写真が出るのはちょっと……」という方も多いもの。その場合は、お面をつけて撮影したり、画像の加工で顔を分からなくしたりするという手もあります。手書きで感想をいただいて、そのまま掲載するのもいいですね。

【ステップ6】費用、申し込み、アフターフォロー体制

費用や申し込みの流れ。さらに、商品やサービスを購入した後のフォロー体制があれば、それらを1枚にまとめます。

【ステップ7】お問い合わせ先

担当者名とメールアドレス。電話番号、住所などを1枚にまとめます。

STEP 6 費用、申し込みの流れ、アフターフォロー体制

Q 費用、申し込みの流れ、アフターフォロー体制は？

例）LITA 提案書

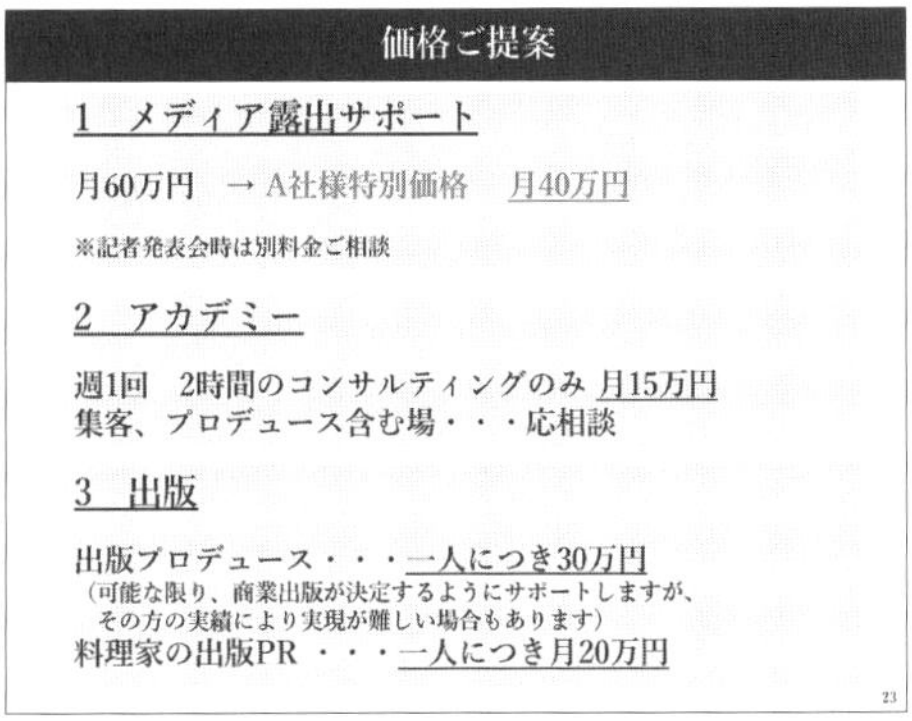
価格ご提案
1　メディア露出サポート
月60万円　→ A社様特別価格　月40万円
※記者発表会時は別料金ご相談
2　アカデミー
週1回　2時間のコンサルティングのみ 月15万円
集客、プロデュース含む場・・・応相談
3　出版
出版プロデュース・・・一人につき30万円
（可能な限り、商業出版が決定するようにサポートしますが、
その方の実績により実現が難しい場合もあります）
料理家の出版PR ・・・一人につき月20万円
23

STEP 7 お問い合わせ先

例）LITA 提案書

問合せ先
LITA
株式会社LITA
代表取締役
PRプロデューサー　笹木　郁乃
・所在地
〒113-0033
東京都文京区本郷3-3-11NCKビル3階
・TEL：XXX-XXX-XXXX
・FAX：XXX-XXX-XXXX
・Mail：XXX.XXXX@gmail.com
・HP：http://lita-pr.com
・ブログ：https://lita-pr.com/blog/
・Facebook :https://www.facebook.com/PRikunosasaki
どんなことでも、お気軽にお問い合わせください

答えられない質問に、答えようとしない

最後に、実際に資料を持参して、会社訪問したときの注意点をいくつか挙げます。

まず最初に顔を合わせた瞬間、**笑顔**を見せる。第一印象は極めて重要です。

そして、**いきなり本題に入らない**こと。

名刺交換の後、簡単な雑談の中でプライベートの情報を小出しにして、互いの**共通点を探す**のがお薦めです。出身地でも趣味でも、好きなブランドでも、何でもいいです。何か共通点が見つかれば、私はもう「A社のPRに来た人」ではありません。「A社のPR担当の笹木郁乃さん」です。相手との距離感がぐっと縮まります。

本題に入る前には、時間を確認。PRでは、面談時間は30分以内が原則。「何時までですね」と、**退出の時間を約束**しましょう。

Point 話すときのポイント

共通点
を見つける
プライベート情報を小出し

×A 社のPRの人
◯郁乃さんがいるA社

会った瞬間の
笑顔は大切
【第一印象決定】

※敵意を感じさせない

時間を
先に伝える

30分以内!

質問に
正確に答える
答えられなかった場合は?

×質問→脱線&長い回答
▶質問する気が失せる

同じ1つの資料を
一緒に見る

サンプルを
わざわざ持参する

▶誠意・印象UP

いざプレゼンに入った後は、商品などの**サンプルを見せられるとベター**です。わざわざ持参したことに、誠意を感じてくださる方も多くいます。

ちょっと緊張するのは、質問を受けたとき。すぐ正確に答えられればベストですが、**即答が難しいならば、「持ち帰って、メールしますね」**と、引き取る。**良くないのは、あいまいな説明を長々としてしまうこと**。相手はイライラしてしまいますし、ほかに何か興味があるトピックがあっても、質問してくれなくなってしまいます。

細かなことまでいろいろと申し上げましたが、初対面の商談は、言うまでもなくとても大事。万全の準備を武器に、リラックスして自分らしく臨んでほしいと思います。

冒頭の問題の答え・私の考える正解は……

Lesson7 Answer

全部

Ⓐ制作コストが高い
Ⓑ内容の修正、更新がしにくい
Ⓒイマイチ、見た人の心を打たない

解説

会社パンフレットの弱点を裏返せば、「パワポで自作した会社紹介資料」の良さが分かります。低コストで内容を更新しやすく、担当者の人間性も出せます。

【Lesson8】
インフルエンサーマーケティング

これが王道!
既存顧客の
熱烈ファン化

Lesson8 Question

小さな会社のインフルエンサーマーケティング、どんな人に頼むのが効果的だと思いますか？

A ツイッターでフォロワーが数十万人クラスの「著名人」。
（著名ユーチューバーや芸能人）

B フォロワーが数万人クラスの「プチ有名人」
（グルメや投資といった特定分野に強い人など）

C フォロワーが数千人クラスの「SNSで人気の一般人」

↓ 私の考える正解は……このレッスンの最後に

「ステルスマーケティング」、略してステマ。一時期、話題になりましたね。

要するに「広告でないように見せかけた広告」のことです。

例えば、**有名人に謝礼を払い、ツイッターなどで自社の商品を褒めてもらう**、なんていうのが典型例です。が、**これはもちろん、絶対にNG**。信頼が失墜します。

とはいえ、ツイッターやインスタグラムなど、SNSの利用者は急速に増えています。

例えばある人が今、アクセサリーショップを始めようとしていて、「最近はどんなピアスが流行っているのか」を、調べたいとします。そこでネット検索しても、出てくるのはアクセサリーショップのサイトばかり。何が売れ筋なのかはなかなか分かりません。

そもそも今どきの若者は、ネット検索でピアスを探したりしません。**まずインスタグラムでハッシュタグ検索**。「#ピアス」「#かわいい」「#かっこいい」など、ハッシュタグを付けて検索して、お洒落な友達やモデルさんなどが今、どんなピアスを付けているかを調べてから、買い物をします。ツイッターで、誰かが「おいしい」とつぶやいていたラーメン店に行く、なんていう人も多いです。

つまり、SNSの中にある顧客のネットワークに、自社の商品、サービスが入り込めれば人気が出るし、そうでなければ認知もされません。

こういうことはもう常識で、多くの企業が近年、「インフルエンサーマーケティング」に取り組んでいます。

インフルエンサーとは、要するに、ツイッターやインスタグラムなど、ＳＮＳの中に、多くのフォロワーを持つ人のこと。インフルエンサーに情報を拡散してもらえれば、効果は抜群。そう考えて、企業がその力を借りたくなるのは自然な流れです。

ステマとインフルエンサーマーケティングの違いとは？

インフルエンサーマーケティングでは、企業のほうから、インフルエンサーに「うちの商品を使ってみてほしい」などと働きかけます。

ただし、実際に使ってツイッターなどに投稿するかどうかは相手の自由で、無理強いはしません。ここが、報酬の対価として投稿するステルスマーケティングとの違いです。

今は、企業の要望に応じて、相性のいいインフルエンサーを探したり、紹介してくれたりする「キャスティング会社」も多くあります。ストリート系ファッションに強い人、B級グルメに強い人など、さまざまなインフルエンサーとマッチングをしてくれます。私も利用してきました。

さて、そんな基本情報を踏まえて、冒頭のクイズです。

中小企業のインフルエンサーマーケティングは、どんな人に頼むのがいいのか。

初めて試すときは、どうしても「フォロワーの数が多ければ、多いほどいい」となりがちです。つまり、できることなら、Aの「フォロワー数十万人クラスの著名人」、あるいは、Bの「フォロワー数万人クラスのプチ有名人」にお願いしたい、となりがち。

しかし、そんな**有名インフルエンサーによるＰＲの効果は案外、薄い**ものです。

なぜなら、有名人は「プチ」も含めて、ＰＲの依頼が多く舞い込みます。そうなると、初めて知る商品、特に愛着のない商品には、なかなかコメントしてもらえませんし、コメントしてくれても、内容が浅くなりがちです。しかも、そのインフルエンサーの本来の好みと少しでもズレていると、いつも読んでいるフォロワーから見て唐突な感じ、違和感が生じます。いかにも「仕事でやった」といった雰囲気が漂ってしまうのですね。
そのため、読んだ人が多かったわりには購入につながらなかった、となりやすいです。

ナノインフルエンサーに注目！

一方で、Cの「SNSで人気の一般人」は、どうでしょうか。

フォロワー数千人規模で、「ナノインフルエンサー」とも呼ばれる、このクラスの人たちは、かなりの人数がいます。なので、企業から声がかかって仕事を頼まれる、という経験はあまりないもの。依頼をすると喜ばれ、力を入れて取り組んでもらえることが多いです。

しかも、ナノインフルエンサーの方々は、狭いながらも共感度が高く、濃いコミュニティーを形成しているものです。フォロワーとの心理的な距離が、非常に近い。フォロワーの数こそ少なくても、「このイベント、面白そう」とつぶやいたとき、「××さんが言うなら、間違いない。よし、行ってみよう！」と反応する人の割合が高いのです。

結果として**著名人、有名人よりむしろ、ナノインフルエンサー**のほうがフォロワーの

注目したいナノインフルエンサー

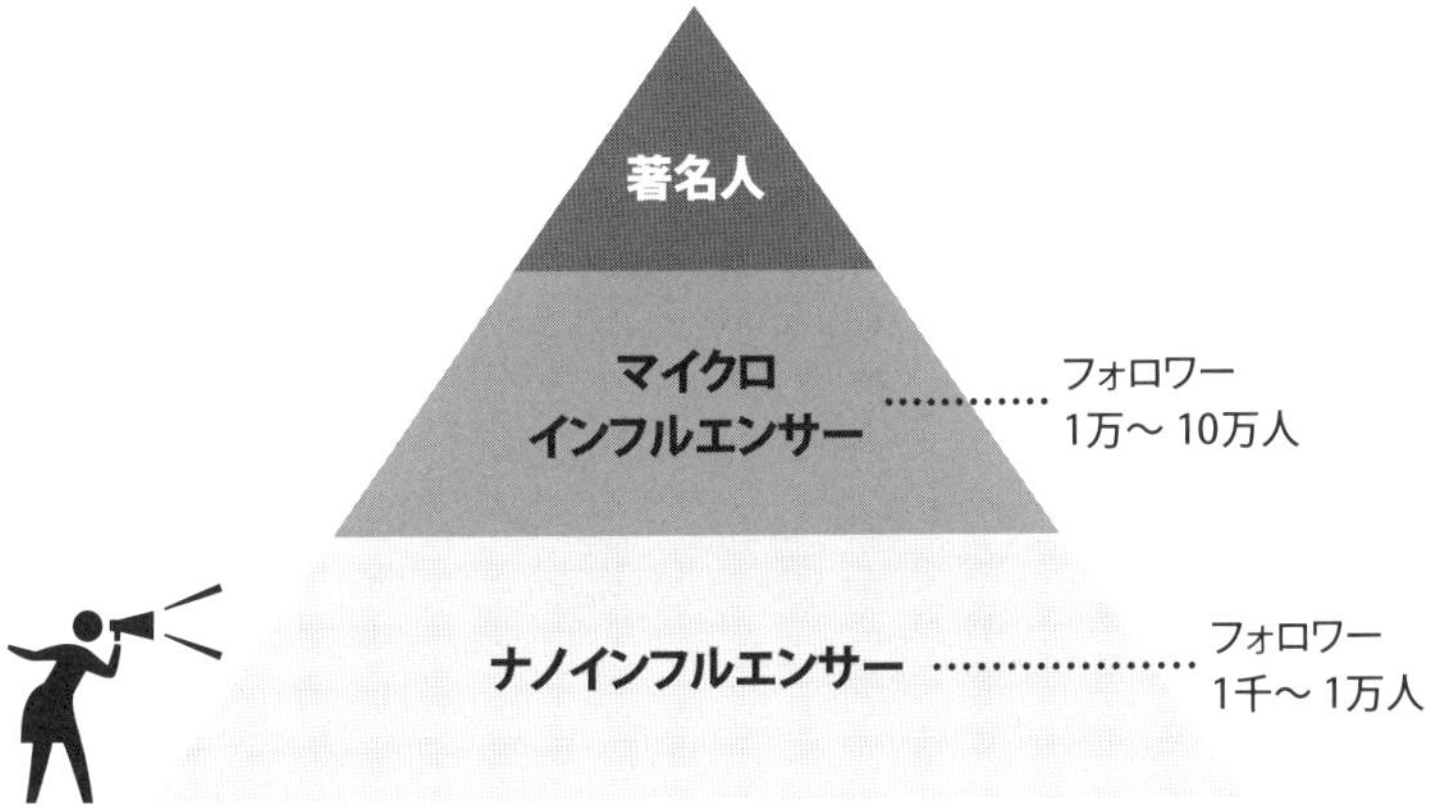

フォロワー数の多さよりも、

消費者との近さ。濃いファンを持っているか。

行動を変える力が強い、というのが、私の実感です。

というわけで、私なりに考える、クイズの答えはC。

マーケティングは、漠然としたイメージ戦略ではないと思います。確実に顧客の行動を変えていく活動です。

最強のインフルエンサーは既存顧客

さらに一歩踏み込んで考えてみましょう。

「ナノインフルエンサー=SNSで人気の一般人」であれば、結構、身近にいるものです。キャスティング会社に頼むまでもなく、探せます。

例えば、**それが既存顧客だったら**どうでしょう。

間違いなく、**インフルエンサーマーケティングの最強のパートナー**です。

何しろ、頼むまでもなく、自分の意思で、自社の商品、サービスを愛用しているのですから。

ならば、ちょっと働きかけて、SNS上での広報大使になってほしいと頼んでみたらどうでしょうか。例えば、ツイッターやインスタグラムのハッシュタグ（#）で検索して、自社の名前やブランド、商品、サービスの名前をつぶやいている人を探す。その中から、フォロワーが多くて、いい雰囲気でコミュニケーションがとれている人を選んで、ダイレクトメッセージを送る、といった具合です。

愛用者なのですから、連絡を受けて、悪い気はしないはずです。「ちょっと、新製品を試して、感想を聞かせてくれませんか」と頼めば、「喜んで！」となることが多いものです。インフルエンサーがつぶやいてくれたら、公式アカウントからツッコミを入れて盛り上げるのもいいですよね。何かコメントしてくれたフォロワーに、コンタクトしてみてもいいかもしれません。

キャスティング会社を間に挟まないので、インフルエンサーの方とも、フォロワーの方とも、より近い距離感でコミュニケーションできるのも魅力です。

これからの**インフルエンサーマーケティングは、ファンの多い人に「数の力を借りる」**

マーケティングではないと思います。

インフルエンサーの方もコミュニティーを持っているし、あなたの会社にもコミュニティーがあります。価値観が合って、互いのコミュニティーが重なり合うのなら、**コラボレーションして、「盛り上げ合う」**のは、楽しいですよね。そんなやり方が、SNSの持ち味が生きるマーケティングではないでしょうか。

というわけで、私には、声を大にしてご提案したいことがあります。それは……。

上位2割の得意客をファン化しよう！

ということです。

イタリアの経済学者、ヴィルフレド・パレートが提唱した「パレートの法則」をご存じですか。

パレートの法則

ある事象の**2割**が、**全体の8割**を生み出している
という状態を示す経験則

（イタリアの経済学者 ヴィルフレド・パレートが提唱）

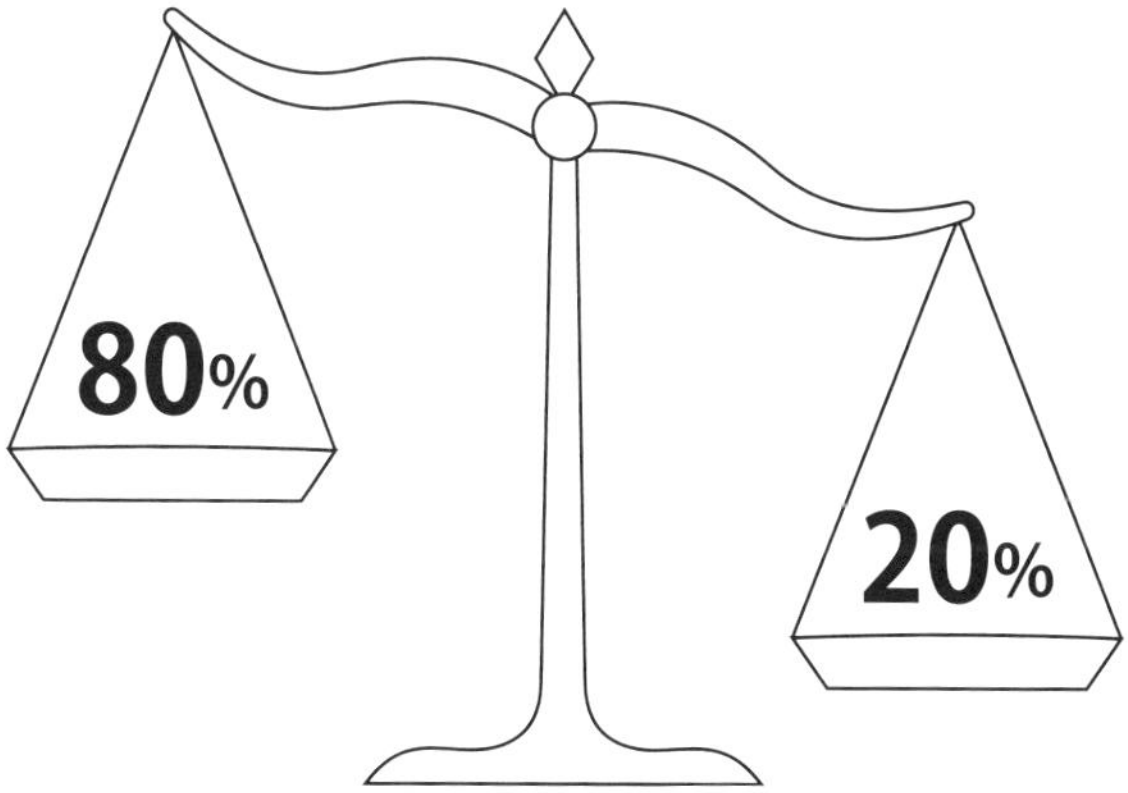

これは「ある事象の2割が全体の8割を生み出している」という経験値に基づく法則です。

この法則をマーケティングに当てはめて、よく言われるのが……

上位2割の得意客が、売上の8割を生んでいる

ということ。

さらに私は……

上位2割の得意客が、クチコミの8割を生んでいる

と思うのです。

とすると、上位2割の得意客が、自社の商品、サービスをどう感じているかは、きわ

クチコミにおける「パレートの法則」

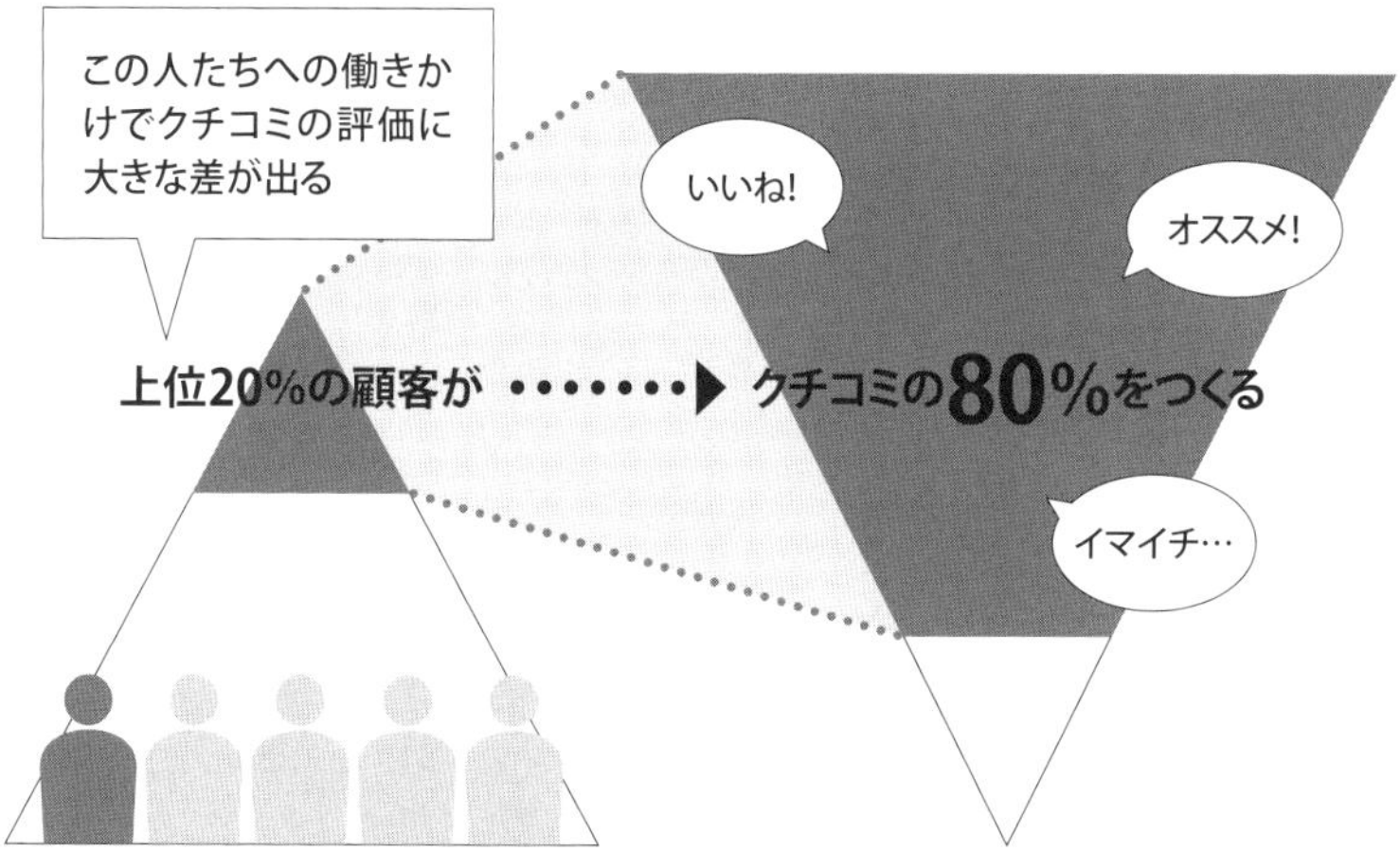

めて重要です。心の底では「イマイチだな」と思いながらも、「安い」とか、「自宅の近くに店があるから」といった理由で、仕方なく利用しているのか、心から大好きで、「友達にも薦めたい！」と思っているのか。

上位2割の上顧客をファン化することが、クチコミが力を持つSNS時代には大事。

さらに、**ファンになってくれた上顧客がインフルエンサーなら、素晴らしい**ですよね。

だからまず、上位2割の得意客を、熱烈なファンに変える。さらにSNSで自社の情報発信をしてくれるインフルエンサーに育てる。

そんなに頻繁に投稿してもらう必要はありません。**いいフォロワーが付いている方に、嘘のない、質の高い投稿をしていただく。そこからファンの輪が広がっていく。**

これが、私の考える理想のインフルエンサーマーケティングです。

その意味で、印象に残っている事例があります。

名古屋中心にステーキチェーンを展開するあさくまさんが、２０１９年、メルマガ会員向けに、無料の「インフルエンサー養成講座」を開講しました。ＳＮＳでの情報発信のコツをプロが教えるオンライン講座で、定員１５００人に応募が殺到。すぐに満員御礼となりました。

具体的には、動画を見ながらＳＮＳのスキルを学びます。内容は、好感度の高い投稿のコツやフォロワーの増やし方、写真の撮り方など。さらに受講生の間のクローズドなコミュニティーページで、ＳＮＳでの発信力を高める方法について情報交換するなど、切磋琢磨する場です。

実は私も講師として関わったのですが、受講生は皆さん、熱意にあふれていました。ＳＮＳでのコミュニケーションスキルは、それだけ消費者の幸せにとって重要なものになっているのですね。

そうやって情報発信力を上げた方々は、もともと、そのあさくまのお店のファンです。だから、積極的にお店のことも投稿して、広報大使になってくれるはず。

うまくいけば、まさにWin-Winです。企業は、クチコミＰＲを強化できる。顧客はＳＮＳのスキルを上げて、人生を豊かにできる。もともと好きだったそのチェーンが大好きになりますよね。

顧客をファン化して、ナノインフルエンサーに育てる。興味深いアプローチだと思いました。

既存顧客をファン化するには

あさくまさんのように「顧客のファン化」に取り組む企業は、増えています。成功のコツは、顧客の中に次の3つの気持ちを育てることだと思います。

第1に、**特別感**。自分は特別な顧客なのだという実感です。

第2に、**一体感**。選ばれた顧客同士のつながり、そして企業と深くつながっているという仲間意識です。

第3に、**母性・貢献欲**。特別な仲間として、企業を応援したいというモチベーションです。

「顧客のファン化」に必要な3つの気持ち

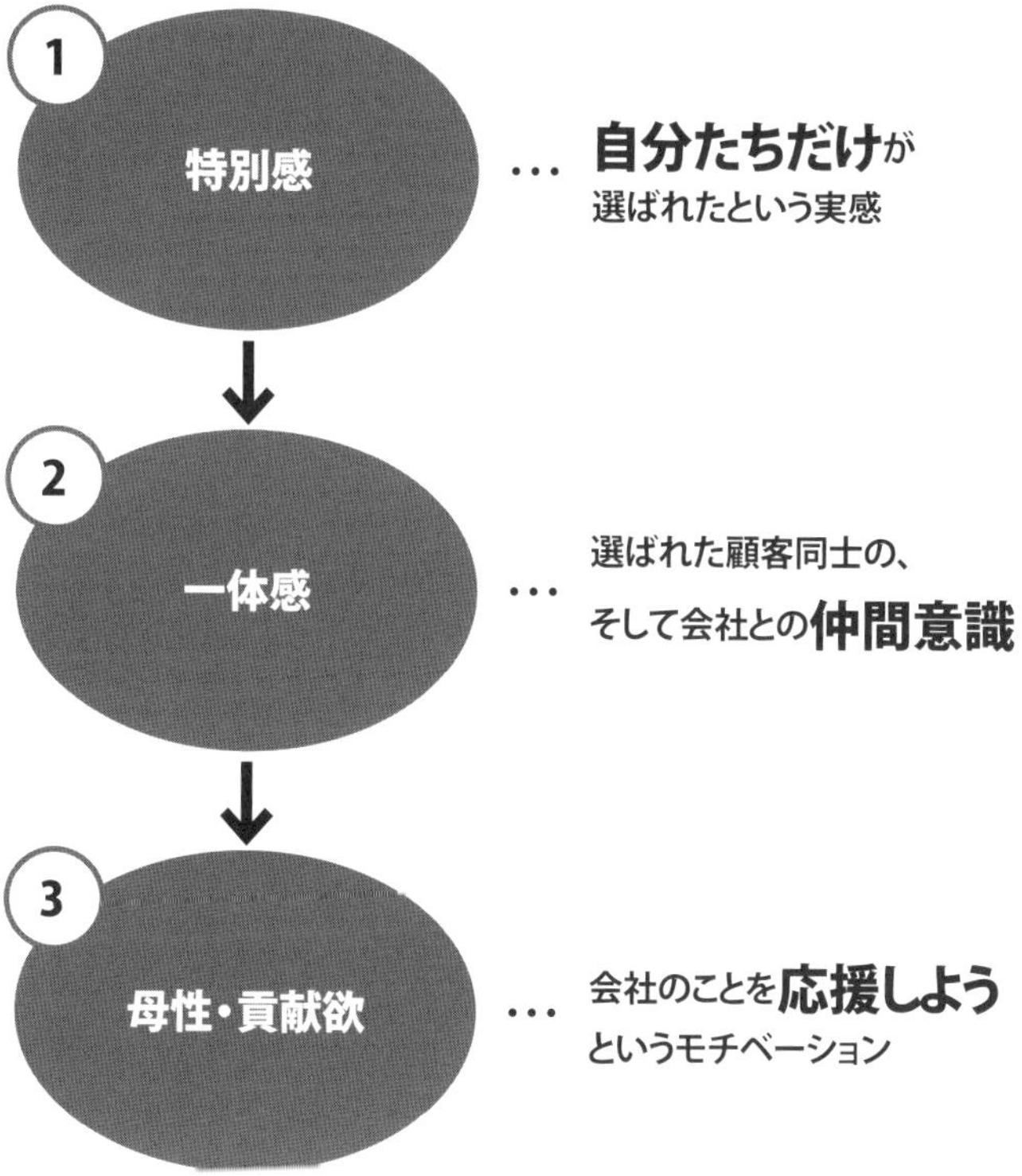
1
特別感
…自分たちだけが
選ばれたという実感
2
一体感
…選ばれた顧客同士の、
そして会社との仲間意識
3
母性・貢献欲
…会社のことを応援しよう
というモチベーション

これらの気持ちを育てるのに役立つのが、イベント開催です。例えば、得意客を集めて、社員と一緒に愛用品について語り合ったりなどする「ファンミーティング」。工場見学なども人気が高くて、お薦めです。

そこでまたクイズです。

【Q】顧客のファン化を目指すイベントを企画するとき、大事なポイントは何でしょうか。次の3つから「当てはまる」と思うものすべてを選んでください。

（A）参加人数を絞る
（B）記念撮影をする
（C）お土産を用意する

正解は……全部大事！　です。

「顧客ファン化イベント」を成功させるまでには、4つのステップがあると思います。

【ステップ1】ご案内

招待する人を限定した、プレミアムな会であることが分かる文面でお誘いします。

連絡する方法は、メールでもお手紙でもいいですし、お電話してもいいでしょう。

「いつも私たちの商品をご愛用いただき、ありがとうございます。今回、特別なお客様をお招きして、新商品について意見をうかがう会を開きたいと考えております。つきましては、××様にぜひご参加いただきたいのですが、いかがでしょうか」といった具合です。ここで**「特別感」**が醸成されます。

誰に限定するのかといえば、基本的には、購入金額が上位の顧客がいいと思います。ただ、購入金額上位の顧客を特定しにくい業種もあります。そういう場合、私は、最初に顧客全員を対象にした、有料のイベントやセミナー、パーティーを開きます。スペシャル感のある内容を工夫する代わり、少し高めの価格設定にします。そこにわざわざ参加してくれた方は、自社に対してロイヤリティーが高い、上顧客であると判断していいでしょう。そこで、次のステップとして、無料のプレミアムな会にお誘いします。

【ステップ2】準備

会場は、自社の会議室で大丈夫です。自社のファンを招くのですから、会社の雰囲気が伝わる場所がベストです。

重要なのは、参加メンバーです。商品開発のメンバーや経営トップなど、ファンが「会いたい」と思う人、「会えるなんて思わなかった」と感激するような人のスケジュールをしっかり押さえましょう。今の消費者にとって、人との交流は大きな価値を持ちます。

【ステップ3】開催

選ばれたメンバーが集まることで、特別感に加えて**「一体感」**が生まれます。経営トップなどが参加すれば、さらに特別感、一体感が高まります。だから準備が欠かせません。

開催当日は、リラックスした雰囲気が大事です。高いものでなくていいですから、お茶やお菓子などを用意して、心温かにおもてなししましょう。

【ステップ4】クチコミ

イベントの開催後、参加者がSNS上で「こんなことがあったよ」と、情報発信します。ここが企業のイメージアップ、売上アップにダイレクトにつながるステップです。

ただし**「クチコミの強制」**は、**NG**です。強制されたクチコミには、波及力はありません。イベントを通じて、ビジョンが伝わり、一体感が高まれば、「貢献意欲」が生まれます。その結果として、**自然に湧き出るクチコミが、消費者の心を動かす**のです。

とはいえ、**「クチコミしやすい環境整備」は、しっかりと**しておきましょう。

例えば、記念撮影をしてデータをお渡しすれば、SNSに投稿する素材になります。

「顧客のファン化」を図るイベントの段取り

Step1

ご案内

顧客リストの売上上位から絞り込んで招待

特別感

Step2

準備

会場は会社の会議室でOK。
社長や開発担当者など参加すべき人のスケジュールを押さえることが大事

Step3

開催

特別感

リラックスした雰囲気をつくる。お茶、お菓子などを出すとよい

一体感

Step4

クチコミ

母性・
貢献欲

ビジョンを広めてほしいと伝える。記念撮影、お土産も効果的

お土産を渡すのもいいと思います。写真映えするものは、発売前の新商品など、プレミアム感のあるものが喜ばれ、クチコミされやすいです。

「顧客ファン化イベント」の4パターン

「顧客のファン化」に役立つイベントには、いろいろなパターンがあります。典型的なものを4つ、ご紹介しますので、自社に合うスタイルをぜひ探してみてください。

◆商品モニター意見交換会・ファンミーティング

自社の商品、サービスについて意見をいただき、社員と語り合う会です。

参加者は10～20人に絞ると、全員が自己紹介して、経営者や社員とも言葉を交わせて、いいと思います。

小さいけれど、大事なコツとして、席の配置があります。昔ながらのセミナーのように、前列に社員が立ち、参加者は全員、前方を向いて座っている、という形には絶対しないでください。無意識のうちに上下関係になってしまって、対等な意見交換になりませんし、温かな歓談の雰囲気も生まれません。

全員が互いの顔を見られるようなサークル型の席の配置がいいです。

◆大使任命式

例えば、素敵なSNS投稿をしてくださった方や、累計購入金額が大きい方などを、公式の「広報大使」に任命します。立派な表彰状や記念品を用意して、社長から手渡すといった感じです。

誰だって表彰されればうれしいですし、PR担当の社員などとのコミュニケーションが増えるのも楽しいものです。大使任命後、より熱心にクチコミしてくれるようになるケースを、私も多く見てきました。

だからといって、あまり大使を増やしすぎないこと。

ある会社が、大使に任命した人が積極的にPR活動をしてくれたので、これは素晴らしいと、どんどん大使を増やしてしまいました。すると、SNSでつながっている顧客同士に「あれ、あの人も大使なの？」「この人も大使なんだ」と伝わってしまったのです。「そんなに簡単に誰でもなれるものだったんだ……」とがっかりした大使の方たちはモチベーションが下がり、ＰＲしてくれなくなった、というケースもありました。ですから、上限をきちんと設定して、特別感をキープしていただきたいと思います。

◆工場見学会

工場がある企業はぜひ開催してください。

自分が愛用している商品がどのように作られているかは、ユーザーとしては興味津々。どこの会社でも、とても人気があるイベントです。なので、このイベントは購入金額で区切ったりせず、抽選で平等に人数を絞ったほうがいいでしょう。

工場見学で製造工程を知っていただいたら、その後、別室でファンミーティングも開催するのがお薦めです。商品への愛情あふれる会話が盛り上がり、一体感が高まります。

◆記念パーティー

会社設立100周年など、いわゆる「周年イベント」です。

顧客をファン化するイベントは、これまで見てきた通り、基本的には少人数でアットホームにやるのがいいですが、記念パーティーだけは、少し人数が多めになってもいいでしょう。それだけ大事な節目に開催するイベントです。ただし、得意客や得意先などに限定して、特別感は保ちましょう。

人数が多い分、経営者や社員が招待者一人ひとりとじっくり話す、というわけにはいきません。その分、社長や幹部による、招待者全員に向けたプレゼンテーションをしっかりと準備することです。スライドに古い写真を投影するなどして、社長の思いや、苦しいときもあった会社のストーリー、これまでを支えてくれた方々への感謝、そして未来に向けての夢など、熱く語っていただきたいと思います。

冒頭の問題の答え・私の考える正解は……

Lesson8 Answer

Ⓒフォロワーが数千人クラスの「SNSで人気の一般人」

解説

有名インフルエンサーに無理に頼むのは不自然な投稿になりがち。フォロワーは少なくても自社のファンで、濃いコミュニティーを持つ人とつながりたいものです。

おわりに

0円PR、いかがでしたか。

この本では、SNS活用とメディアPRを組み合わせて紹介しました。

「会社を大きくしたい！」「有名にしたい！」と思ったとき、「今はSNS時代だから、SNSだけ頑張れば大丈夫」という考え方もあります。けれど、本当のところは「メディアに出ているから、SNSで検索される」というところもすごくあって、逆に「SNSで話題だからメディアに出る」ことも。切っても切り離せない、相互補完の関係です。

PRの仕事は、結果に予測がつきません。

でも、だから楽しい！

ハマれば、魔法のように会社が変わります。全国放送のテレビに出たら、会社のホームページにアクセスが殺到。「サーバーがダウンしちゃいました！」。そんなうれしい悲鳴が上がる場面に、私は何度も立ち会ってきました。わくわくしませんか。

こんなに素晴らしい仕事を私が今、できているのは、エアウィーヴの高岡本州社長との出会いがあったからです。

私はPRがやりたくて、エアウィーヴに転職したわけではありません。高岡社長が語る壮大な夢に圧倒されて、「この夢、叶えたい！」と思って転職しました。

そんな素人の私に、高岡社長がPRの知識を教えてくれたから、試行錯誤しながら、PRのスキルを身につけていけたのです。

けれど、私が高岡社長から一番学んだことは「諦めずに、強く前に走り続ける姿勢」です。まだ小さく、無名だったエアウィーヴはPR活動も営業活動も、非常に苦戦しました。そんなときでも高岡社長は「とにかく打席に多く立つ！」「いける！」「絶対うまくいく！」と、いつも強く前を向き、走り続けていました。商品の質を上げる努力を続けながら、商品を広めることを絶対に諦めず、そのための活動を怠りませんでした。

無名な会社を有名にするには、自分の中に「絶対的な確信」が必要だと学びました。高岡社長の下で、私も「絶対的な確信」を持って、PRを続けることができました。

そのマインドは、経営者になった今も引き継いでいます。

高岡社長には人生の転機、そして大きな学びをいただきました。感謝に堪えません。

また、この本は「PR塾」の塾生の存在なくして、あり得ませんでした。教材のコンテンツにこだわり抜いた結果、受講生から、メディア出演を果たした、SNS集客に成功した、など、うれしい報告が集まりました。そのフィードバックを受けて、私のコンテンツがより良いものに変わり、受講生の人生も変化していく。そんな力を感じながらPR塾は進化し、この本ができました。

そして、この本をまとめていただいた本荘そのこさん、小野田鶴さん。こんなにも自分のキャリアが詰まった1冊を企画、編集いただき、感謝でいっぱいです。

私には夢があります。この株式会社LITAというPR会社で、より多くの企業の夢をPRの力で叶えていきたい。顧客にとって本当のパートナーとなり、二人三脚で強く前に走って行ける、まっすぐな会社をつくりたいと決意して日々、奮闘しています。

一緒に夢を追ってくれる井上俊彦副社長、そして社員のみんな。心強い仲間たちがいるから、私は日々、「絶対的な確信」を持って、走り続けることができています。

そして何よりの味方でいてくれる旦那さん、息子の存在に、日々感謝です。


そして最後に、ここまで読んでくださった皆さまへ。

本当にありがとうございました。最後の最後に、感謝の気持ちを込めたプレゼント企画です。期間限定、２０２０年12月31日まで。

この本の感想を、「＃０円ＰＲ」をつけてＳＮＳに投稿してくださった方に全員、「ＰＲ塾」のテキストＰＤＦ（一部）を無料でプレゼントします。

左下のＬＩＮＥ＠に、投稿のスクリーンショットを送っていただけましたら、テキストをお送りします。この教材だけで新聞取材をゲットした方もいるんですよ！


読者の皆さまの素晴らしい夢が、大きく飛び立ちますように！

笹木郁乃ＬＩＮＥ＠ ↓

笹木郁乃（ささき・いくの）

1983年生まれ。山形大学工学部卒業後、アイシン精機で研究開発に従事。寝具メーカー・エアウィーヴ（東京都中央区）の第1号正社員として、高岡本州社長と共にPRに注力。売上高を5年で1億円から115億円に伸ばす急成長に貢献。鍋メーカー・愛知ドビーを経て2017年、ikunoPR設立、2019年、LITAに社名変更。経営者向けのPR指導や企業のPR支援を手がけるほか、経営者やフリーランス、企業の広報担当者にPRスキルを伝える「PR塾」を主催。これまでに開催した14期すべてが満員御礼。プライベートでは一児の母

0円PR
お金をかけずに顧客に愛されて売上を伸ばす方法

2019年12月23日　初版第1刷発行
2022年　1月19日　　　第3刷発行

著者	笹木郁乃
発行者	伊藤暢人
発行	日経BP
発売	日経BPマーケティング 〒105-8308 東京都港区虎ノ門4-3-12
装丁	小口翔平＋岩永香穂（tobufune）
本文デザイン・DTP	エステム
校閲	円水社
編集協力	本荘そのこ
編集	小野田鶴（日経トップリーダー）
印刷・製本	図書印刷株式会社

Printed in Japan
ISBN978-4-296-10492-5